LA

SITUATION HOSPITALIÈRE

ET LES

SUBVENTIONS MUNICIPALES

ÉTUDE COMPARÉE

DE LA

SITUATION HOSPITALIÈRE

ET DES

SUBVENTIONS MUNICIPALES

A NARBONNE ET DANS LE NORD DE LA FRANCE

PAR

M. HIPPOLYTE FAURE

ADMINISTRATEUR HONORAIRE

DEUXIÈME ÉDITION

NARBONNE

IMPRIMERIE F. CAILLARD, RUE CORNEILLE, 2

1891

ÉTUDE COMPARÉE

DE LA

SITUATION HOSPITALIÈRE

ET DES

SUBVENTIONS MUNICIPALES

A NARBONNE ET DANS LE NORD DE LA FRANCE.

L'étude sur la situation administrative et financière des hospices de Narbonne et des hospices du Nord, publiée l'année dernière, ne pouvait comprendre, dans le cadre nécessairement restreint d'un compte moral, toutes les parties d'une région si vaste et si digne d'intérêt.

L'étude publiée, cette année, a pour but d'ajouter aux résultats constatés, aux réflexions soumises à l'appréciation des pouvoirs publics, des résultats, des observations et des faits relatifs à une autre partie de la même région, non moins digne d'une attention particulière et d'un intérêt sérieux.

Après avoir étudié les établissements hospitaliers de

la Bretagne et de la Normandie; après avoir constaté
les résultats obtenus dans les villes de Nantes, de
Lorient, de Brest, de Cherbourg, de Caen, de Vitré, de
Rennes et de Saint-Malo, dont les noms éveillent tant
de souvenirs de gloire maritime, de grandeur littéraire
et scientifique, nous avons passé en revue les établissements d'une partie de la région septentrionale comprenant les départements si remarquables, si dignes
d'attention, du Pas-de-Calais, du Nord, de l'Aisne, de
Meurthe-et-Moselle et des Ardennes, en recueillant
partout les témoignages sincères d'un concours sympathique et dévoué, dans l'intérêt des pauvres, des progrès
hospitaliers et du pays.

Arras, Lille, Roubaix, Cambrai, Dunkerque, en
donnant des renseignements utiles, nous ont fourni
l'occasion de constater les différences essentielles qui
existent entre les hospices de Narbonne et ceux de cette
région, sous le rapport de la mortalité, des dépenses et
des recettes.

Poursuivant notre étude, aujourd'hui, avec des
documents nouveaux, d'une exactitude absolue, nous
désirons examiner les résultats constatés dans les départements de la Somme, de l'Oise, de la Seine-Inférieure
et de l'Eure, avec la certitude de trouver dans cette
région importante, célèbre à divers titres, où se trouvent

les villes d'Amiens, de Rouen et du Havre, des résultats, des faits dignes de fixer l'attention du pays, et avec l'espérance, bien douce à notre cœur, de pouvoir faire ressortir, par une comparaison sérieuse et vraie, le mérite des établissements de Narbonne, au point de vue de l'ordre administratif, de la science médicale ou chirurgicale, du dévouement aux pauvres et de l'humanité.

Nous indiquerons donc quel a été le résultat administratif et financier dans nos hospices et dans un grand nombre de villes des départements désignés, en faisant connaître les avantages observés, les résultats acquis, les faits qui caractérisent les établissements de Narbonne et les placent à un rang distingué dans l'histoire hospitalière du pays.

En ce qui concerne la mortalité, dont les résultats sont si importants, et dont la constatation comparative frappe, chaque année, les esprits sérieux, nous l'indiquerons séparément pour chaque établissement de Narbonne et comparerons les chiffres proportionnels qui en résultent avec les chiffres obtenus dans les établissements des autres villes. Plus faible qu'ailleurs, soit qu'on l'observe au point de vue des résultats généraux, soit qu'on la compare avec le résultat particulier de chaque ville, la proportion de la mortalité à

Narbonne, très digne d'attention, indice irrécusable de soins assidus et persévérants, fera connaître et apprécier une administration hospitalière soigneuse, attentive, une organisation de l'assistance publique rationnelle, régulière, féconde en heureux résultats, et l'aptitude éprouvée des praticiens, dont le dévouement généreux indique les sentiments d'humanité, et dont les succès font apprécier le mérite.

Deux tableaux distincts, le premier constatant la mortalité proportionnelle de l'hôpital, comparée avec celle des autres hôpitaux de la région, le deuxième indiquant la mortalité proportionnelle de la Charité comparée avec celle des autres hospices, donneront à nos assertions l'appui irrécusable des chiffres, en complétant les documents relatifs à cette partie de l'assistance hospitalière, si importante, si digne de fixer l'attention du moraliste et du penseur.

S'il est honorable et glorieux pour nos établissements d'obtenir une mortalité proportionnelle plus faible, soit dans l'hôpital où sont soignés les malades pauvres, soit dans l'hospice de la Charité, où sont recueillis les autres indigents, il ne l'est pas moins d'obtenir ce résultat avec des dépenses moindres, avec des ressources beaucoup plus faibles.

C'est pourtant ce double résultat, si utile, mais si

difficile à obtenir, qui ressortira clairement de l'examen des faits.

En ce qui concerne les dépenses, malgré une situation défavorable, malgré des conditions de cherté exceptionnelles, dont les chiffres les plus certains attesteront la certitude et la gravité, la dépense par personne et par jour considérée au point de vue local, appréciable par tout le monde, soit pour le traitement des malades, soit pour l'entretien des autres catégories d'indigents, la dépense par personne et par jour paraîtra faible; et le résultat remarquable qui sera constaté, très sérieux et digne d'attention, paraîtra plus considérable encore, si, après avoir examiné la question de la dépense locale, on porte ses regards sur les hospices des autres villes, dans la région septentrionale indiquée. En observant attentivement et en comparant les résultats, on trouvera partout, dans les petits comme dans les grands hospices, des dépenses beaucoup plus fortes qu'à Narbonne.

Les chiffres les plus certains démontreront l'exactitude de cette assertion.

L'état comparé des dépenses hospitalières, en indiquant des résultats plus modérés dans les hospices de Narbonne que dans les autres, étonne, chaque année, lorsque l'on considère ces dépenses en elles-mêmes,

abstraction faite des éléments qui les constituent. Eh
bien ! l'examen approfondi, analytique pour ainsi dire,
sérieux, des éléments dont la dépense est composée,
étonnera bien plus encore.

On pourrait croire, en effet, que Narbonne, placée à
de grandes distances des villes indiquées, se trouve dans
des conditions très différentes pour les achats, dans des
conditions très favorables pour obtenir les objets de
grande consommation à bas prix. L'examen de la situation et des faits démontrera le contraire. Les prix
détaillés, variés et nombreux, sérieusement contrôlés,
extrêmement exacts, des principaux objets de consommation, indiqués pour chaque denrée et pour chaque
ville, montreront la difficulté de l'administration hospitalière de Narbonne, et constateront en même temps
avec certitude un incontestable succès, en prouvant que
les dépenses plus modérées de nos hospices sont obte-
nues, malgré des prix plus élevés que partout ailleurs,
grâce à une surveillance exceptionnellement active, qui
rend tout abus impossible, grâce à l'ordre qui préside
aux distributions du régime alimentaire, et au contrôle
efficace qui assure l'exécution opportune, exacte des
prescriptions médicales.

Acheter chèrement dans un pays de cherté et dépen-
ser moins que dans les pays de bas prix, tel est le

problème résolu à Narbonne, avec difficulté, avec effort, au milieu de préoccupations constantes et de soucis continus, mais avec un succès certain, indéniable, dont nous serions fier, si l'œuvre sérieuse que nous accomplissons n'éloignait de notre esprit et n'étouffait dans notre âme le moindre mouvement de puéril orgueil ou de vanité éphémère.

En ce qui concerne les recettes, malgré leur faiblesse, le résultat de l'action administrative relativement à leur emploi prudent, réservé, judicieux, n'est pas moins surprenant que dans les autres parties de la gestion.

Obtenir, en effet, une mortalité proportionnelle plus faible et de plus grands succès administratifs à Narbonne qu'ailleurs, c'est assurément un résultat remarquable et grand; mais obtenir ce résultat avec des ressources moindres, notoirement faibles, insuffisantes même, sans nuire en aucune façon au bien-être des pauvres, en soignant au contraire parfaitement les malades et en les guérissant mieux qu'ailleurs, c'est là peut-être une œuvre sinon plus grande encore, du moins plus difficile et plus rare. Voilà pourtant le résultat qui sera constaté.

Par quels moyens peut-on l'obtenir?

Par des soins, sans doute, par une surveillance efficace et de grands efforts, mais surtout par le dévouement et par le cœur, par un dévouement sympathique, généreux et constant, à tous les degrés de l'échelle administrative, chez tous ceux qui concourent par leur aptitude, leur assiduité, leurs soins dévoués ou leur travail, au succès de l'œuvre commune, dans l'intérêt de nos contrées.

Profondément convaincu de l'exactitude complète des faits exposés, nous avons la confiance qu'en voyant les résultats acquis, dont la certitude sera démontrée péremptoirement, clairement pour tout le monde, les hommes bienfaisants et les pouvoirs publics appréciant une œuvre essentiellement utile d'humanité, la seconderont puissamment de leurs efforts, de leurs votes, de leurs dons sympathiques, et la rendront prospère, dans l'intérêt des pauvres et du bien public, par des subventions efficaces, dignes d'un pays intelligent, sympathique aux pauvres et généreux.

Les villes s'honorent et s'illustrent, en donnant des secours aux pauvres, en dirigeant les efforts de l'administration publique vers les asiles de l'indigence, de la souffrance et du malheur. Narbonne, généreuse et grande, ne restera pas en arrière. En voyant les exemples frappants de subventions municipales que nous aurons à constater dans le Nord, et dont nous démontrerons l'importance, la ville admirera et s'efforcera d'imiter les grandes œuvres des villes généreuses et justes, dans la mesure la plus large de ses ressources. Elle s'associera à ce mouvement sublime de charité et de sympathie pour le malheur qui se manifeste dans les villes, avec l'ardeur généreuse qui la caractérise, avec le noble cœur qui l'anime, avec la puissance et la gloire qui illustrent son nom.

Tel sera, nous l'espérons, le résultat des recherches comparées que nous recommandons à l'attention sympathique des hommes dévoués et à l'appréciation généreuse des conseils publics.

Des faits nombreux, décisifs, donneront aux assertions émises dans cette introduction l'appui certain des chiffres et couronneront les efforts de notre administration, en assurant à l'œuvre hospitalière de Narbonne la sympathie publique, l'assentiment de la ville et du pays.

En approuvant, chaque année, les résultats de notre administration hospitalière, pour le soin des malades pauvres et des autres indigents, pour l'économie dans les dépenses et le bon emploi des recettes; en accueillant avec faveur des recherches comparées, utiles, qui permettent d'apprécier avec certitude le mérite des établissements de Narbonne, les conseils publics, le peuple de la ville et de nos contrées donnent une

preuve de confiance sympathique dans l'administration
hospitalière et d'affection pour les pauvres. Nous n'atten-
dons pas moins, aujourd'hui, de leur bienveillance
habituelle· et de leur dévouement, les recherches de
cette année ayant dû être plus nombreuses, parce que
les hospices observés avaient plus d'importance.

Plus l'effort est grand, plus l'ouvrier a besoin d'appui.
Plus une administration hospitalière obtient des résultats considérables, malgré la faiblesse de ses ressources,
plus elle a besoin d'être soutenue et secourue. Nous
avons la confiance qu'en voyant les résultats, les succès
constatés, l'administration publique et nos concitoyens
donneront aux pauvres de nouvelles preuves de leur
dévouement, de leur générosité et de leur justice, dans
l'intérêt général, pour l'honneur du pays et la gloire de
l'humanité.

CHAPITRE PREMIER.

De la mortalité dans ses rapports avec la population secourue. Résultats proportionnels dans l'hôpital de Narbonne et dans les hôpitaux du Nord de la France. De l'assainissement des hôpitaux. Précautions prises à Rennes, au Havre et à Marseille. Mortalité proportionnelle dans l'hospice de la Charité et dans les hospices analogues du Nord. Salubrité des établissements hospitaliers de Narbonne. Succès constaté.

La première question qui se présente à la pensée de l'homme désireux de connaître les résultats obtenus dans les hôpitaux, pour les étudier au point de vue de la population, de la science économique ou de la statistique, c'est la question de la mortalité dans ses rapports avec le nombre d'indigents secourus. Pour l'économiste et pour le penseur, l'intérêt puissant est là.

Si la proportion de la mortalité relativement au nombre des malades traités est faible dans un hôpital ; si les guérisons y sont nombreuses, plus nombreuses qu'ailleurs, ce résultat, honorable pour l'administration hospitalière, pour la science et pour la ville, est consolant pour l'humanité. Les hommes de bien se réjouissent en présence d'un heureux résultat ; les villes applaudissent en témoignant leur satisfaction par le vote de secours plus grands, et les malades pauvres, les plus pauvres parmi les pauvres, puisqu'aux douleurs morales de leur position s'ajoutent des douleurs physiques graves, qui les privent de tout moyen d'existence par le travail, les malades pauvres, pleins d'admiration et de respect pour nos œuvres de bienfaisance, se confient avec abandon, avec reconnaissance et avec joie, à des établissements de charité, pour lesquels ils montraient naguère un dédain marqué et une répulsion invincible.

Si la mortalité, notoirement faible, publiquement constatée, officiellement reconnue dans un hôpital, paraît plus faible encore lorsqu'on la compare avec la mortalité plus grande des établissements analogues, le succès, digne de reconnaissance, de sympathie et d'admiration, est plus remarquable encore et plus grand.

Eh bien ! ce résultat, ce succès est précisément celui

qui sera constaté pour les deux établissements hospitaliers de Narbonne, soit que l'on considère la mortalité
dans ses rapports avec la population secourue, soit
qu'on la compare avec celle des autres villes. Nous
ajouterons qu'un succès de cette nature, honorable dans
toutes les circonstances et dans tous les temps, a un
caractère particulier d'éclat et de grandeur, lorsqu'il
est obtenu en luttant avec des villes importantes par le
savoir, la science de leurs praticiens et la puissance
financière de leurs hôpitaux, où tous les progrès
d'hygiène, de constructions utiles, d'alimentation accroissant le bien-être des malades, peuvent être accomplis.

Lutter avec des villes comme Amiens, Dieppe, le
Havre et Rouen, ces foyers d'intelligence et de progrès ;
lutter avec ces villes puissantes par leur esprit d'entreprise, par leurs succès dans le travail industriel, par la
grandeur de leurs actes, et sortir victorieux de la lutte,
c'est là un triomphe.

Ce sera celui de Narbonne, constaté par les faits et
par les chiffres que nous allons exposer avec exactitude
et sincérité.

Le nombre des personnes secourues dans l'hôpital de
Narbonne, pendant l'année 1880, a été de treize cent
douze.

Sur ce nombre il en est mort soixante-quatorze (1) ou cinq 7/10 pour cent.

Quel a été le résultat dans les hôpitaux de la région dont nous nous occupons?

Un tableau placé à la fin du compte moral, dressé soigneusement, avec des documents certains, officiels, l'indique clairement.

Voici les résultats.

En considérant l'ensemble des hôpitaux inscrits dans le tableau, et en recherchant les résultats généraux de la mortalité proportionnelle, on trouve que le nombre des décès est de douze pour cent dans le quartier des hommes et de seize pour cent dans le quartier des femmes.

Dans la première catégorie, celle des hommes, huit hôpitaux seulement sur vingt-trois ont une mortalité

_____

(1) Fièvre typhoïde, 9 décès; pneumonie et pleuropneumonie, 8; entérite, 7; bronchite chronique, 6; phtisie, 5; affections organiques du cœur, 5; apoplexie, 4; diarrhée, 3; paralysie générale 3; bronchite spécifique, 2; ascite, 2; cancer à la face, 2; dyssenterie, 2, et 16 affections diverses indiquées dans l'ordre alphabétique : accès malin, ataxie locomotrice, carcinome, catarrhe de la vessie, congélation du pied avec gangrène, congestion pulmonaire, écrasement du bassin, endocardite chronique, érysipèle traumatique, hypertrophie du cœur, ostéites multiples avec scrofules invétérées, pleurésie, tétanos, tumeur utérine, rage, vieillesse. Total : 74 décès.

variant de sept à dix pour cent ; tous les autres ont une mortalité plus forte, représentée par les nombres proportionnels de douze, quatorze, quinze, dix-huit et vingt-trois pour cent.

Dans la deuxième catégorie, celle des femmes, la mortalité, beaucoup plus forte, dépasse toujours le chiffre de dix pour cent, et atteint quelquefois les proportions de vingt, vingt-un, vingt-trois, vingt-six et vingt-neuf pour cent.

Tels sont les résultats généraux.

Considérés au point de vue du nombre de malades traités dans l'année, dans chaque maison observée séparément, ces hôpitaux offrent les résultats suivants, non moins sérieux et dignes d'attention.

Sept hôpitaux ont moins de deux cents malades : à Gisors et à Bernay dans le département de l'Eure ; à Darnetal, à Fécamp et à Bolbec dans la Seine-Inférieure ; à Roye et à Corbie dans la Somme.

La mortalité dans ces sept hôpitaux est de seize pour cent pour les hommes et pour les femmes.

Sept hôpitaux ont de deux cents à cinq cents malades : à Louviers et aux Andelys, dans le département de l'Eure ; à Elbeuf, dans la Seine-Inférieure ; à Péronne, dans la Somme ; à Compiègne, à Noyon et à Senlis, dans le département de l'Oise.

La mortalité dans cette deuxième série de sept hôpitaux est de neuf pour cent chez les hommes et de seize pour cent chez les femmes, un peu inférieure à celle de la première série, mais toujours supérieure à la mortalité constatée à Narbonne.

Cinq hôpitaux ont de cinq cents à deux mille malades : à Évreux et à Vernon, dans le département de l'Eure; à Dieppe, dans la Seine-Inférieure; à Beauvais, dans le département de l'Oise, et à Abbeville, dans la Somme.

La mortalité dans les hôpitaux de ces cinq villes est de dix pour cent chez les hommes et de seize pour cent chez les femmes.

Enfin, quatre hôpitaux ont de deux mille à plus de quatre mille malades dans l'année : ce sont les deux établissements hospitaliers de Rouen, l'hôpital d'Amiens et celui du Havre.

La mortalité dans ces quatre hôpitaux a été de douze pour cent chez les hommes et de dix-huit pour cent chez les femmes, atteignant des proportions inconnues à Narbonne.

De l'ensemble de ces faits il résulte que dans la région observée, la plus faible mortalité proportionnelle est dans les hôpitaux de grandeur moyenne, où les conditions hygiéniques sont favorables, tandis que la mortalité la plus forte est à la fois dans les hôpitaux très petits, où des locaux insuffisants, disproportionnés, rendent les établissements insalubres, et dans les grands hôpitaux, où le nombre considérable des malades nuit à la salubrité, au succès des traitements médicaux et des opérations chirurgicales.

Des efforts considérables sont faits de nos jours pour assainir les hôpitaux et les améliorer à tous les points de vue ; pour augmenter les soins, les précautions hygiéniques et réduire autant que possible la proportion de la mortalité. Les administrations hospitalières et les villes rivalisent de zèle et d'ardeur pour atteindre ce résultat, essentiellement utile, humain et juste. Si le but n'est pas atteint, ce ne sera pas la faute des villes importantes, qui y consacrent des sommes considérables, et des administrations hospitalières qui emploient à cette œuvre de progrès une grande partie de leurs ressources, le soin des pauvres étant le premier besoin public, le plus digne de la sollicitude et de l'attention sympathique du pays.

Construits quelquefois dans le centre des villes, dans des quartiers insalubres, où un air vicié accroît le danger des maladies, les hôpitaux établis dans ces conditions, condamnés par la science, sont abandonnés et reconstruits ailleurs, dans des quartiers moins encombrés par la population, dans une atmosphère plus

saine. C'est le cas de la ville de Rennes, dans le département d'Ille-et-Vilaine, déplaçant un hôpital mal situé,
avec le concours absolu, exemplaire et généreux du
Conseil municipal.

C'est encore le cas de Marseille, achetant à la campagne au prix de cent soixante-quatre mille francs, un
terrain aéré, sain, à quarante mètres au-dessus du
niveau de la mer, pour y transporter un hospice, que sa
position dans la ville rendait insalubre.

D'autres hôpitaux ayant un nombre considérable de
malades dans un espace restreint, ont vu l'aggloméra-
tion de la population ajouter à la gravité du mal une
cause permanente d'insalubrité. Ne pouvant déplacer
le personnel tout entier, ils en ont déplacé une partie,
en disséminant les malades au dehors, dans des chalets
isolés, construits exprès dans la campagne. C'est le cas
du Havre, où l'expérience est faite sur une grande
échelle, avec des ressources puissantes et le concours
généreux d'une ville éclairée, indépendamment des
projets plus vastes concernant l'agrandissement de l'hospice général actuel et la construction complète d'un
hôpital de malades, entièrement séparé, compris pour
un million dans l'emprunt de douze millions de francs
contracté récemment par la ville du Havre, pour donner
à ce port de commerce un asile hospitalier digne de

ses vues généreuses, de sa prospérité commerciale et de son nom.

Dans les deux systèmes, dans le déplacement total et dans le déplacement partiel, avec des dépenses chiffrées par des centaines de mille francs et par des millions, on a obtenu des résultats relativement favorables; mais, nulle part, ainsi que l'attestent les calculs de la mortalité, on n'a atteint les résultats de Narbonne. La position favorable de notre hôpital, où toutes les salles de malades sont entourées de cours et de jardins, en rendant inutiles un déplacement coûteux et des constructions considérables, résout le problème étudié de nos jours d'une aération parfaite et d'une complète salubrité.

On se plaint beaucoup dans les hôpitaux de l'odeur pénétrante qui envahit les salles et se répand dans les locaux voisins, au grand détriment des malades et des personnes qui les soignent. Dans les grands hôpitaux, comme ceux de Paris, par exemple, malgré une ventilation puissante, malgré l'existence de salles de rechange, permettant de déplacer les malades, pendant que l'on désinfecte les salles antérieurement occupées, on n'obtient pas un assainissement absolu, durable et complet. On se plaint de la pourriture d'hôpital et de l'infection purulente. Dans un grand hôpital d'Allemagne, à

Munich, le professeur de clinique chirurgicale de l'Uni-
versité, a compté sur cent malades quatre-vingts cas de
pourriture d'hôpital, qu'il attribue à l'insalubrité des
salles de chirurgie; et, dans la région dont nous nous
occupons, au Havre, l'année dernière, on a compté dix
cas mortels d'infection purulente et de pourriture
d'hôpital. A Narbonne, rien de pareil. Les personnes
qui visitent l'Hôtel-Dieu, soit par devoir professionnel,
soit pour consoler des malades, soit par simple curiosité,
le constatent avec étonnement et avec joie: il n'y a pas
même cette odeur d'hôpital que l'on trouve dans les
hôpitaux les mieux tenus et les plus sains.

Aux mérites si nombreux qui recommandent l'hôpital
de Narbonne, nous pouvons donc ajouter celui d'une
incomparable salubrité, ce qui est important au plus
haut degré, au point de vue de la science, du bien-être
des malades et de l'humanité.

Si des hôpitaux où sont traités les malades pauvres,
nous passons aux hospices proprement dits, où sont
recueillis les autres indigents, nous trouvons que les
chiffres proportionnels des décès, beaucoup plus forts
qu'à Narbonne, ont un caractère particulier de gravité.

Ainsi, tandis qu'à Narbonne, dans l'hospice de la
Charité, sur un nombre de cent soixante-dix-neuf personnes secourues, on a eu six décès, ou trois 3/10 pour

cent du personnel assisté, on trouve dans les hospices proprement dits de la région septentrionale les résultats suivants.

D'une moyenne générale de douze pour cent dans le quartier des hommes et de seize pour cent dans le quartier des femmes, chiffres constatés dans les hôpitaux de la région observée, nous passons, dans les hospices de la même région, à une mortalité générale de dix-sept pour cent pour les hommes et pour les femmes (17,8 pour cent dans le quartier des hommes et 17,2 pour cent dans le quartier des femmes).

Tandis que dans les vingt-trois hôpitaux précédemment indiqués, huit établissements seulement dépassaient la mortalité de seize pour cent, quinze hospices actuellement observés dépassent cette mortalité, et huit d'entre eux atteignent les proportions de vingt-un pour cent à Dieppe, de vingt-deux pour cent à Fécamp et à Verneuil, de vingt-trois pour cent à Elbeuf, de vingt-cinq pour cent à Vernon, de vingt-sept pour cent à Yvetot, de trente pour cent à Bernay et de trente-quatre pour cent à Pont-Audemer.

En présence de ces chiffres si élevés et si graves, on peut apprécier l'importance des résultats bien différents obtenus à Narbonne, dans l'hospice de la Charité, et se féliciter de voir que les soins donnés aux pauvres, le régime alimentaire prescrit et la salubrité de l'établissement, contribuent à maintenir dans de bonnes conditions l'état sanitaire et à réduire la mortalité à des proportions beaucoup plus faibles que dans les établissements analogues.

Pour les deux maisons hospitalières de Narbonne, les résultats sont donc frappants et dignes de fixer l'attention. Plus favorables que dans les établissements hospitaliers du Nord, où les ressources de toute nature abondent, ils attestent l'intelligence des praticiens, les soins efficaces des filles de la charité et le zèle de l'administration hospitalière, qui consacre son temps et ses forces à cette œuvre de bienfaisance et de progrès dans l'intérêt du pays.

La ville de Narbonne en recueille les fruits. S'il est un mérite, en effet, qui puisse l'honorer et grandir sa mémoire au point de vue de l'humanité, c'est bien ce résultat, ce succès constant, si considérable, si frappant et si vrai, dont les chiffres les plus certains démontrent l'exactitude et font ressortir l'importance. Aussi, comprendra-t-elle que noblesse oblige, et que si des besoins nouveaux se manifestent, si des nécessités urgentes se produisent, soit pour le soin des malades de l'hôpital et l'entretien des pauvres de la Charité, soit pour maintenir les établissements au niveau de la science et des

progrès médicaux, son devoir et son honneur lui com-
mandent d'intervenir puissamment, d'une manière digne
d'elle, de sa renommée historique et de ses sentiments
d'humanité.

Mais, le résultat constaté pour la mortalité, pour la
faiblesse comparative et proportionnelle du nombre des
décès, si important pour la science, si honorable pour
la ville, si glorieux pour l'administration hospitalière et
si consolant pour l'humanité, ce résultat frappant, qui
suffirait pour illustrer nos hospices, pour les classer au
nombre des plus méritants, et pour appeler sur leurs
œuvres l'attention sympathique et généreuse du pays,
ce résultat, ce succès n'est pas le seul. La gestion comparée des revenus, l'emploi prudent de ressources
réduites, l'économie constante, secondée par une surveillance active et des soins continus permettant d'obtenir
des résultats qui étonnent les hommes pratiques et les
esprits les plus sérieux, tels sont les faits dont l'exposé
exact et comparé dans les chapitres suivants, fera ressortir, pour la gloire de nos hospices, de nouveaux
mérites et d'éclatants succès.

La vraie force, le succès puissant est celui qui se
manifeste non seulement sur un point isolé de l'administration mais sur tous, sur l'ensemble comme sur les
détails, sur les faits obscurs qui n'attirent pas l'attention,

comme sur ceux qui frappent les regards. Profondément convaincu de la vérité, de l'exactitude et de la puissance des faits de toute nature qu'il nous reste à exposer, nous avons la confiance que pour les hommes impartiaux et sérieux, pour l'administration publique à tous les degrés, le résultat clairement démontré, publiquement reconnu, sera pour les hospices de Narbonne, sur tous les points de la gestion administrative, un succès incontesté, dont l'influence sera puissante, durable, et honorera le pays.

CHAPITRE DEUXIÈME.

Des dépenses des hospices en général. Caractère de ces dépenses. De la prudence et des soins qu'exige leur gestion. Difficultés particulières à Narbonne. Efforts de l'administration des hospices. Résultats. Prix de revient de la journée dans les hospices réunis de Narbonne et dans chaque hospice considéré séparément. Comparaison du prix de revient de la journée dans les établissements hospitaliers du Nord et dans ceux de Narbonne.

Si l'emploi prudent des ressources financières est utile dans toutes les circonstances, dans toutes les situations, heureuses ou malheureuses de la vie, c'est surtout lorsque ces ressources sont faibles, lorsqu'elles permettent à peine à un homme de vivre au milieu de préoccupations tristes et de travaux constants. La situation des hospices, non moins pénible que celle d'un homme dans le malheur, réclame une attention plus grande encore et plus dévouée, les ressources de ces établissements étant le patrimoine des pauvres, digne de la plus grande sollicitude et des plus grands soins.

Dans la situation particulière de l'homme, de l'homme pauvre, vivant du produit de son travail, il y a souvent de la gêne, de la souffrance; mais il n'y a qu'une seule responsabilité, la sienne, celle de sa conscience et de son honneur. S'il se trompe, s'il emploie mal, s'il dissipe les modestes épargnes dont il peut disposer, c'est la faute d'un seul, fâcheuse pour lui et pour sa famille, mais n'atteignant les autres que dans une faible proportion.

Dans la gestion financière des hospices, la situation est différente. Ce n'est pas le bien d'un seul qu'il faut administrer, mais celui de tous les pauvres, le produit des libéralités séculaires et des dons spontanés des hommes généreux dans notre pays. Bien plus, dans nos préoccupations administratives, constantes et sérieuses, ce n'est pas seulement aux pauvres existant aujourd'hui dans nos établissements que nous devons penser, mais encore aux pauvres qui viendront après eux et après nous, aux hommes malheureux, que les bienfaiteurs ont eu la pensée de secourir, non dans une époque déterminée, mais dans tous les temps. Les erreurs, les fautes, les mesures inconsidérées ne seraient donc pas seulement une atteinte au bon sens, à la prudence d'un seul homme, mais encore à la dignité d'une administration hospitalière et à la mémoire des bienfaiteurs.

Avec la grandeur de l'œuvre, la responsabilité s'accroît. Avec la multiplicité des intérêts en présence et des besoins grandissants, les difficultés augmentent. Le devoir sérieux et grand de l'administration hospitalière est d'y pourvoir efficacement dans le présent, et de conjurer autant que possible dans l'avenir, par la prudence et le caractère judicieusement économique de sa gestion, les conséquences périlleuses d'un état de choses, d'une situation d'autant plus difficile, que les besoins d'une ville agrandie, d'une population hospitalière considérablement augmentée, s'accroissent rapidement, et que les ressources des hospices, jadis considérables, puissantes, dont nous avons indiqué ailleurs l'importance, ne sont plus de nos jours que les faibles restes d'une splendeur éteinte et d'une grandeur passée.

Le revenu des hospices a donc ce double caractère. Il est faible et doit être géré avec prudence. Il est le produit du patrimoine des pauvres et doit être administré avec un soin particulièrement attentif, pour que l'emploi en soit utile, avec un sentiment profond de reconnaissance pour les bienfaiteurs, avec la pensée sérieuse de secourir, conformément à leurs vues et à leurs sentiments sympathiques, les pauvres des hospices, qu'ils ont aimés.

Convaincue de ces vérités, l'administration hospitalière de Narbonne emploie tous ses soins à la gestion des revenus. Elle s'efforce de concilier la faiblesse des ressources avec l'étendue des besoins, et rend hommage aux bienfaiteurs, en donnant aux produits des libéralités l'emploi le plus satisfaisant pour les pauvres, le plus honorable pour la ville et le plus utile au pays.

Les faits relatifs aux dépenses le démontreront, soit que l'on considère ces dépenses en elles-mêmes, en ce qui concerne les établissements de Narbonne considérés séparément, soit qu'on les compare avec les dépenses faites dans les autres régions.

Qu'a-t-on dépensé à Narbonne ? Que dépense-t-on dans les villes du Nord ?

I. — LES DÉPENSES A NARBONNE. PRIX DE REVIENT DE LA JOURNÉE DANS LES DEUX ÉTABLISSEMENTS HOSPITALIERS RÉUNIS DE LA VILLE ET DANS CHAQUE HOSPICE CONSIDÉRÉ SÉPARÉMENT.

A Narbonne, pour un nombre de 110,314 journées de traitement ou de présence, dont 55,355 dans l'Hôpital, où sont traités les malades, et 54,959 dans l'hospice de la Charité, où sont reçus les vieillards et les enfants, on a dépensé 91,960 francs 9 centimes, ou 83 centimes 3/10, par personne et par jour. C'est la dépense relative à l'ensemble de la population, comprenant les personnes secourues et le personnel de service des deux maisons.

Les journées du personnel de service, au nombre de 14,558, étant à la charge des établissements, il faut nécessairement en appliquer la dépense entière aux indigents secourus, pour obtenir le vrai prix de revient de la journée, au lieu d'attribuer cette dépense indistinctement aux personnes secourues et à celles qui les servent. En appliquant la dépense complète des établissements aux journées du traitement des malades pauvres dans l'hôpital, et aux journées relatives à l'entretien des autres indigents dans la Charité, on a une dépense de 91,960 francs 9 centimes pour 95,756 journées, ce qui fixe la dépense par personne et par jour à 96 centimes.

Tel est le prix de revient de la journée pour le personnel assisté dans les deux maisons réunies, considérées comme n'en faisant qu'une.

Divisée entre les deux établissements, avec un nombre inégal de journées et pour des frais naturellement différents, puisque le traitement des malades est plus coûteux que celui des vieillards, des infirmes et des enfants, la dépense générale des deux établissements est répartie ainsi qu'il suit.

A l'Hôtel-Dieu, pour 55,355 journées de personnes logées, nourries ou employées dans la maison, à des titres divers, c'est-à-dire pour le personnel complet comprenant à la fois les malades, les employés, les sœurs et les servants, on a dépensé 58,826 francs 71 centimes ou 1 franc 6 centimes par personne et par jour. Si du nombre général des journées on ôte celles des sœurs, des infirmiers, des infirmières, de toutes les personnes, en un mot, dont le séjour constant pour soigner les malades représente un nombre de 9,068 journées, et que l'on applique la dépense entière de l'Hôtel-Dieu aux seules journées de malades, on a une dépense de 58,826 francs 71 centimes pour un nombre de 46,287 journées, ce qui fixe le prix de revient d'une journée de malade dans l'hôpital à 1 franc 27 centimes. Telle est la dépense moyenne de l'hôpital par personne et par jour.

Est-ce trop, avec le prix élevé de toutes choses, avec le prix élevé du vin et des comestibles divers? Nous laissons aux esprits pratiques, les plus sérieux et les plus exacts, le soin de répondre, en attendant que l'exposé des dépenses plus grandes faites ailleurs, dans les établissements analogues, donne à cet égard, avec des chiffres certains, une démonstration péremptoire.

Si, malgré notre assertion affirmative, des doutes
s'élevaient dans quelques esprits, nous dirions que dans
les chiffres de dépense indiqués, sont compris non
seulement les frais relatifs à l'achat du pain, de la
viande, du vin et des comestibles de toute espèce, mais
encore les approvisionnements de la pharmacie, le blan-
chissage, le chauffage, l'éclairage, le renouvellement
partiel du linge, de la chaussure et du vêtement, le
traitement des employés, l'entretien du mobilier et
même les réparations d'entretien, assez importantes,
cette année, à cause des accidents imprévus du quartier
des femmes et des travaux effectués dans les dépen-
dances de deux salles, dont la construction a bien été
faite généreusement par la ville, mais dont certains
détails accessoires, qui n'avaient pas été compris dans
les prévisions primitives du devis, ont dû être payés par
l'hôpital. A cette nomenclature exacte, dont tout le
monde peut apprécier l'importance au point de vue
administratif et la cherté au point de vue des finances,
nous pourrions encore ajouter les frais des cercueils, si
la faible mortalité de l'hôpital de Narbonne ne nous
permettait de considérer cette dépense comme trop
minime pour être citée, si des soins incomparablement
dévoués, si des praticiens habiles et un service exact ne
laissaient, chaque année, sans emploi, dans l'article du

budget relatif aux cercueils, des sommes relativement considérables, dont nous n'avons pas vu d'exemple dans les nombreux comptes d'hospices que nous avons consultés.

Mais, si la dépense est faible à l'hôpital, et si les finances y sont prudemment conduites, est-ce à la Charité que nous trouverons les grandes dépenses? Nullement.

Dans l'hospice de la Charité, pour un nombre de 54,959 journées concernant le personnel secouru et le personnel occupé à servir les pauvres, on a dépensé 33,133 francs 38 centimes, ou 60 centimes par personne et par jour. Si du nombre général des journées on ôte celles qui se rattachent au personnel de service, au nombre de 5,490, et que l'on applique la dépense entière aux seules journées du personnel secouru, pour avoir la dépense réelle des administrés, soit dans l'ensemble, soit en ce qui concerne la dépense individuelle par journée, on a le résultat suivant.

Pour un nombre de 49,469 journées se rattachant au personnel secouru, on a dépensé 33,133 francs 38 centimes, ou 67 centimes par personne et par jour.

Voilà les faits démontrant avec exactitude la modération de la dépense faite à la Charité.

Les résultats de la dépense individuelle journalière

ou du prix de revient de la journée, à Narbonne, sont donc indiqués par les chiffres suivants.

Dans les deux établissements réunis, considérés comme un seul, quatre-vingt-seize centimes par personne et par jour.

Dans l'Hôtel-Dieu, pour le traitement et le soin des malades, un franc vingt-sept centimes par personne et par jour.

Dans la Charité, pour l'entretien des vieillards et des enfants, soixante-sept centimes par personne et par jour (0,66 c. 9).

Si l'on songe qu'avec ces chiffres modestes de dépense individuelle, on a pourvu à un traitement scientifique, médical ou chirurgical, si rationnel et si exact, que nul ménage riche dans la ville ne peut se flatter de l'avoir aussi complet ; au service compliqué des bains sulfureux de toutes sortes, coûteux pour les personnes riches, peu accessibles aux personnes pauvres, mais donnés largement dans l'hôpital ; — Si l'on songe que les classes d'instruction primaire à la Charité, véritables modèles d'éducation gratuite perfectionnée, malgré la faiblesse des ressources et des crédits, ont été établies et sont maintenues sur un tel pied, avec cartes, plans, livres d'histoire, de géographie, d'arithmétique et de morale, que M. le comte de Flers, inspecteur général des établissements de bienfaisance, appréciateur judicieux et grave, observateur profond et exact, arrivé à Narbonne dans le courant du mois d'août 1880, après avoir dressé une statistique générale de toutes les écoles hospitalières en France, a déclaré, en séance, à notre administration des hospices, que le niveau des études et de l'instruction à la Charité de Narbonne dépasse le niveau des études et de l'instruction de toutes les écoles hospitalières de notre nation, si féconde cependant en jeunes intelligences et en talents précoces, nobles précurseurs d'un avenir de gloire, de liberté et de grandeur; — Si l'on songe que, dans un autre ordre d'idées, on pourvoit à l'entretien complet des jardins intérieurs, de la grande prairie de l'Hôpital et du vaste enclos de la Charité : à tous les soins utiles de propreté générale et d'assainissement, si essentiels dans les hôpitaux, où le moindre atome, le moindre miasme délétère, le moindre ferment atmosphérique vicie l'air, s'étend, se propage, se multiplie, envenime les plaies, aggrave les maladies et cause la mort, on restera confondu en présence d'un résultat étonnant au point de vue purement économique, sublime et consolant au point de vue de l'humanité.

Mais, ce résultat n'est pas le seul. Si l'on compare les chiffres de la dépense individuelle par journée, à

Narbonne, avec les résultats obtenus dans les établissements hospitaliers de la région septentrionale, le mérite supérieur de nos hospices ressortira clairement de l'examen des faits. On verra combien l'ordre, le dévouement et les soins assidus sont puissants pour réduire les dépenses sans nuire au bien-être, pour améliorer tous les services administratifs et contribuer à un succès frappant, qui honore les hospices et les recommande à l'attention sympathique du pays.

II. — Comparaison du prix de revient de la journée dans les établissements hospitaliers du Nord et dans ceux de Narbonne.

Quelques administrations hospitalières du Nord ayant chacune un seul établissement à diriger, reçoivent simultanément les malades, les vieillards et les enfants. Comme les maisons destinées à cette œuvre hospitalière ressemblent à la fois, sous certains rapports, aux hôpitaux proprement dits, à cause des soins donnés aux malades, et aux hospices ordinaires à cause des soins donnés aux vieillards et aux enfants, on les désigne sous le nom d'hôpitaux-hospices, pour les distinguer des établissements qui reçoivent seulement les malades et de ceux qui reçoivent seulement les vieillards et les enfants. Leurs budgets et leurs comptes comprenant indistinctement les dépenses considérables des malades et les dépenses relativement faibles des autres indigents, le prix de revient moyen qui en résulte, calculé pour toutes les catégories de la population secourue, est naturellement inférieur à celui des hôpitaux ordinaires concernant exclusivement les malades, dont le traitement est le plus coûteux.

D'autres administrations hospitalières du Nord, dirigeant à la fois un hôpital et un hospice, établissent leur comptabilité comme si les deux maisons étaient réunies. Les dépenses importantes de leurs hôpitaux, qui concernent les malades, et les dépenses plus faibles de leurs hospices, qui concernent les vieillards et les enfants, étant confondues dans les mêmes articles des budgets et des comptes administratifs, les prix de journée qui en résultent, établis dans les mêmes conditions que ceux des hôpitaux-hospices, donnent des résultats analogues. Ils sont plus faibles, en apparence, relativement aux malades, que si les dépenses concernant cette catégorie d'indigents étaient calculées séparément.

Eh bien! malgré cette situation particulière des hôpitaux-hospices et des établissements dont les comptes sont établis de la même manière, malgré des prix de journée fixés sans distinction pour des catégories très différentes d'indigents, la dépense de ces maisons dépasse non-seulement celle des deux établissements réunis de Narbonne considérés comme un seul, mais encore la dépense spéciale de l'Hôtel-Dieu, où sont traités les malades pauvres.

Les faits et les chiffres suivants le démontrent.

Pendant que le prix de revient de la journée résumant la dépense des deux établissements réunis de Narbonne est de quatre-vingt-seize centimes; pendant que le prix de journée spécial de l'Hôtel-Dieu est de un franc vingt-sept centimes, nous trouvons dans les hôpitaux-hospices de la région indiquée et dans les établissements analogues de la même région, des prix de revient de la journée variant depuis un franc trente centimes jusqu'à plus de deux francs, ainsi qu'il suit :

Dans le département de l'Eure, à Verneuil, un franc trente centimes ; aux Andelys, un franc quarante-un centimes ; à Vernon, un franc cinquante centimes, et à Évreux un franc soixante-seize centimes ;

Dans le département de la Seine-Inférieure, à Elbeuf, un franc trente-deux centimes un dixième, et à Bolbec, un franc quarante centimes ;

Enfin, dans le département de la Somme, à Péronne, un franc soixante centimes, et à Corbie, deux francs cinquante-neuf centimes.

La moyenne des prix de journée dans cette série d'hôpitaux-hospices ou d'établissements analogues s'élève à un franc soixante centimes six dixièmes, dépassant à la fois le prix de journée de la Charité, le prix de journée des hospices réunis de Narbonne considérés comme un seul, et même le prix de journée de l'Hôtel-Dieu, où le traitement spécial des malades devrait cependant entraîner et entraînerait certainement des dépenses plus grandes que dans les hôpitaux-hospices et dans les établissements analogues du Nord, si les soins, l'économie et une surveillance efficace ne changeaient pas considérablement les résultats.

Cette preuve frappante d'ordre, de prudence et de soins attentifs, qui caractérise la gestion hospitalière de Narbonne, est attestée avec la même puissance par la comparaison des résultats obtenus dans les autres villes du Nord, qui, possédant plusieurs maisons hospitalières, établissent des budgets, des comptes et des prix de journée distincts pour chaque établissement, afin que l'on puisse connaître exactement les dépenses faites pour le traitement d'un malade dans l'hôpital et pour l'entretien d'un vieillard ou d'un enfant dans l'hospice.

Des faits certains, relatifs à cette nouvelle et importante série d'établissements hospitaliers, viennent à l'appui de notre assertion et la fortifient, en montrant que les dépenses des hôpitaux et des hospices dans la région septentrionale, dépassant partout les faibles dépenses par personne et par jour des établissements hospitaliers de Narbonne, ont atteint les chiffres beaucoup plus élevés dont l'énumération suit :

A Abbeville, un franc trente-quatre centimes à l'hôpital et un franc seize centimes dans l'hospice;

A Compiègne, un franc quarante centimes à l'hôpital et un franc trente-trois centimes dans l'hospice;

A Dieppe, un franc cinquante centimes pour les malades et quatre-vingt-dix-neuf centimes pour les autres catégories d'indigents;

A Senlis, un franc soixante-quinze centimes à l'hôpital et quatre-vingt-quinze centimes dans l'hospice;

A Beauvais, deux francs dix-huit centimes à l'hôpital et un franc quatorze centimes dans l'hospice;

A Roye, deux francs vingt centimes pour les malades et un franc soixante-cinq centimes pour les autres indigents;

Au Havre, deux francs trente-huit centimes pour les malades et un franc quatre-vingt-six centimes pour les vieillards;

A Amiens, deux francs trente-huit centimes quatre

dixièmes à l'hôpital, un franc vingt-trois centimes dans l'hospice général et un franc cinquante-sept centimes dans l'hospice des incurables;

Enfin, à Rouen, deux francs soixante-dix-sept centimes à l'hôpital et un franc quarante-trois centimes dans l'hospice général.

La dépense moyenne par personne et par jour dans ces établissements réunis s'élève à deux francs pour les malades et à un franc trente-trois centimes pour les autres indigents, dépassant le chiffre de l'Hôtel-Dieu de Narbonne en ce qui concerne les malades, et doublant presque celui de la Charité, en ce qui concerne les vieillards et les enfants.

Avec des prix moyens pareils, la dépense de l'Hôtel-Dieu de Narbonne, qui a été, en 1880, de 58,827 francs pour 55,355 journées de traitement, se serait élevée à 110,710 francs, et celle de la Charité, qui a été de 33,133 francs pour 54,959 journées de présence, aurait atteint le chiffre de 73,095 francs.

Sur ces bases, avec de tels prix, les dépenses réunies de la Charité et de l'Hôtel-Dieu, qui s'élevaient, cette année, à 91,960 francs, auraient atteint le chiffre considérable de 183,805 francs, dépassant de près de cent mille francs la dépense actuelle, qui se trouverait ainsi doublée.

Des différences aussi considérables pourraient faire supposer que les principaux objets de consommation sont moins chers à Narbonne que dans les hospices dont nous nous occupons. On pourrait croire que des facilités plus grandes pour les approvisionnements et une grande abondance des produits du sol et de l'industrie, secondant la marche de l'administration hospitalière, influent sur le prix de journée et contribuent à l'affaiblir. Des faits positifs, appuyés par des chiffres puisés aux sources les plus sûres, nous permettront de détruire cette idée et de faire ressortir avec force le mérite de la gestion hospitalière de Narbonne, qui, avec des ressources faibles et des prix élevés, obtient avec beaucoup de zèle et d'efforts les résultats les plus frappants.

Ce point spécial sera établi avec une complète évidence dans le chapitre suivant, où seront produits des résultats nombreux, variés, exacts, méritant de fixer l'attention des esprits sérieux et d'exciter la sollicitude sympathique des hommes qui se dévouent aux œuvres hospitalières dans l'intérêt de l'humanité.

Les faits cités concernant à la fois les produits dont la consommation est générale en France et ceux qui proviennent principalement de nos contrées du Midi, si dignes d'une attention sérieuse et d'un dévouement

sympathique, un intérêt puissant ressortira de leur examen, de leur prix comparés et de leur importance relative dans les régions différentes de notre patrie. A ces
divers titres, nous recommandons les faits et les chiffres
contenus dans le chapitre suivant aux hommes spéciaux,
studieux, aimant les pauvres et leur pays, persuadé
qu'ils trouveront dans leur étude attentive et réfléchie
des preuves nombreuses, décisives, frappantes, à l'appui
de nos assertions, dans l'intérêt des hospices, pour le
bien des pauvres, la gloire de la ville et l'honneur du
pays.

CHAPITRE TROISIÈME.

Prix comparés des principaux objets de consomma-
tion à Narbonne et dans le nord de la France. Le
pain et le blé. La viande, les comestibles divers et
la houille. Le vin, la bière et le cidre. — Le vin et
l'alcool. Résultats constatés dans les pays produc-
teurs de vin et dans les villes du Nord. Améliora-
tion possible dans l'avenir. — Part proportionnelle
des boissons dans le prix de revient de la journée,
à Rouen, au Havre, à Amiens, à Cambrai et à
Lille.

Les différences considérables constatées entre les
dépenses des établissements hospitaliers du Nord et
celles des établissements de Narbonne ne proviennent
pas d'une différence pareille entre les prix des principaux produits agricoles ou industriels, observés dans le
Nord et dans le Midi. En examinant avec attention les
éléments qui composent le prix de journée dans diverses
villes ; en passant en revue les principaux objets de
consommation qui peuvent influer sur la dépense et en

élever le chiffre, on peut se convaincre que la cause réelle d'une dépense plus importante dans les établissements du Nord que dans les nôtres, n'est pas la valeur plus grande des produits consommés.

Cependant, comme on est généralement porté à le croire; comme on ne se rend pas suffisamment compte des causes multiples qui élèvent la dépense dans les établissements hospitaliers ou la réduisent; comme on ne connaît, d'ailleurs, qu'imparfaitement les prix et l'importance des consommations, base essentielle de tout calcul sincère et vrai, nous croyons utile d'insister sur ce point spécial, en exposant les faits avec exactitude, pour résoudre mûrement la question et faire partager par les esprits impartiaux et sérieux la conviction qui nous anime.

Avec des chiffres certains nous démontrerons que la faible dépense des hospices de Narbonne n'est pas due à une modération relative des prix, vainement cherchée, inconnue dans nos contrées, mais à la prudence de la gestion économique et financière de l'administration des hospices, dont les dépenses générales sont plus faibles qu'ailleurs, malgré la cherté plus grande des produits consommés.

L'examen comparé des prix et les faits successivement exposés permettront d'atteindre ce résultat et de

constater en même temps avec certitude, que la cause
réelle d'un prix de revient de la journée plus élevé dans
le Nord que dans les établissements de Narbonne doit
être attribuée à des faits différents, à un autre ordre
d'idées, à des dépenses d'un autre genre, faciles à
déterminer et à reconnaître après l'examen des faits.

Les documents relatifs au pain, à la viande, aux
comestibles divers, à la houille et aux boissons consommées dans les départements du Nord, rendront la
démonstration facile et complète.

I. — LE PAIN ET LE BLÉ. LE PRIX DU PAIN A NARBONNE ET
DANS LE NORD. LE PRIX DU BLÉ DANS LES MÊMES RÉGIONS
A LA FIN DU DIX-HUITIÈME SIÈCLE ET AU COMMENCEMENT
DU DIX-NEUVIÈME, AVANT L'EXTENSION DE LA CULTURE DE
LA VIGNE DANS NOS CONTRÉES.

En ce qui concerne le pain, dont l'importance est
très grande dans la consommation et dans les dépenses
des établissements hospitaliers, les chiffres sont frappants et décisifs.

Ainsi, pendant qu'à Narbonne, dans la ville, on
payait le pain blanc quarante-sept centimes et demi le
kilogramme et le pain de deuxième qualité quarante-
deux centimes et demi, conformément aux prix fixés

par la taxe officieuse; pendant que nos hospices, avec
une réduction importante sur la taxe, payaient le pain
trente-neuf centimes le kilogramme, on le payait dans
les hospices du Nord, dont nous nous occupons, aux
prix suivants, beaucoup plus bas :

Dans le département de l'Eure, à Évreux, à Gisors et
à Verneuil, trente-quatre centimes; à Louviers, trente-
trois centimes; à Pont-Audemer, trente-deux centimes,
et à Vernon, trente centimes;

Dans le département de la Seine-Inférieure, à Yvetot,
trente-quatre centimes; au Havre, trente-trois centimes
deux dixièmes; à Rouen, trente-deux centimes, et à
Dieppe, vingt-neuf centimes quarante-cinq centièmes;

Dans le département de l'Oise, à Clermont, trente-
quatre centimes; à Beauvais, à Compiègne, trente-un
centimes, et à Noyon, vingt-huit centimes;

Enfin, dans le département de la Somme, à Doullens, à Corbie et à Abbeville, trente-deux centimes; à
Amiens, trente-un centimes, et à Péronne, vingt-neuf
centimes seulement.

Le prix du pain s'abaisse naturellement dans les
pays producteurs de blé et varie suivant l'importance
plus ou moins grande des récoltes. Or, les départements de la Somme, de l'Oise, de la Seine-Inférieure
et de l'Eure étant des pays producteurs de blé, tandis

que notre contrée essentiellement vinicole en produit très peu, il est naturel que le pain soit moins cher dans les hospices de ces départements que dans les nôtres.

Ce fait doit paraître d'autant plus exact et rationnel, que l'on peut constater avec certitude une situation analogue, en ce qui concerne le blé, dans des époques très anciennes, bien que la culture de la vigne n'eût pas alors l'extension très grande qu'elle a prise de nos jours.

D'un relevé étendu, scrupuleusement exact, opéré sur les mercuriales officielles pour une longue période, comprenant les années 1760 à 1790, à une époque où la France était divisée en généralités pour la perception des impôts, il résulte que le prix du blé et par conséquent celui du pain, dans notre région, dépassait les prix de la généralité d'Amiens comprenant le département actuel de la Somme, et les prix de la généralité de Rouen, composée des départements actuels de la Seine-Inférieure et de l'Eure, dont nous nous occupons.

En divisant cette époque en trois périodes pour les trois généralités d'Amiens, de Rouen et de Languedoc, nous trouvons les résultats suivants, dignes d'attention.

Le prix de l'hectolitre de blé dans ces trois périodes était ainsi qu'il suit :

De 1760 à 1770, onze francs soixante-dix-sept centimes dans la généralité d'Amiens, treize francs trente-neuf centimes dans celle de Rouen et quinze francs quarante-trois centimes dans celle de Languedoc ;

De 1771 à 1780, treize francs quatre-vingts centimes dans la généralité d'Amiens, quinze francs quatre-vingt-quinze centimes dans celle de Rouen, et dix-sept francs sept centimes dans celle de Languedoc ;

Enfin, de 1781 à 1790, treize francs quatre centimes dans la généralité d'Amiens, quinze francs trente-quatre centimes dans celle de Rouen, et dix-huit francs soixante-dix centimes dans celle de Languedoc.

La moyenne générale pour les trente-une années, est de douze francs quatre-vingt-sept centimes dans la généralité d'Amiens, de quatorze francs quatre-vingt-neuf centimes dans celle de Rouen et de dix-sept francs six centimes dans celle de Languedoc.

Sur tous les points, pour l'ensemble comme pour les détails, le prix du blé, à la fin du dix-huitième siècle, était donc notoirement plus élevé en Languedoc que dans le nord de la France.

Dans une époque moins ancienne, après la division de la France en départements, des résultats analogues aux précédents se sont produits. D'un relevé considérable opéré sur les mercuriales officielles pour les années 1797 à 1835, antérieures à la grande extension de la culture de la vigne dans le Midi, il résulte que les prix moyens de l'hectolitre de blé, dans cette période de trente-neuf ans, ont été les suivants, dans la région dont nous nous occupons :

Dans les départements de la Somme et de l'Oise, dix-huit francs trente-neuf centimes ;

Dans le département de la Seine-Inférieure, dix-neuf francs soixante-treize centimes ;

Dans le département de l'Eure, vingt francs vingt-six centimes ;

Dans le département de l'Aude, vingt-trois francs dix-huit centimes.

Dans les longues périodes observées, le prix du blé et par conséquent le prix du pain ont donc été moins élevés dans la région septentrionale dont nous nous occupons, que dans la nôtre, bien que les bons terrains cultivés actuellement en vignes fussent alors cultivés en blé. Il n'est donc pas étonnant que des résultats analogues apparaissent aujourd'hui, les causes qui les produisent étant plus puissantes et plus nombreuses encore, depuis la transformation complète de la culture dans nos contrées. Il y a dans ce fait de la diversité des prix résultant de la constitution agricole différente de pays divers, des causes fondamentales si profondes et si vraies, que la situation même créée de nos jours par la construction des chemins de fer, qui abrègent les distances et multiplient les transactions, a pu seulement atténuer les conséquences d'une loi générale, en supprimant les grandes disettes, sans niveler complètement les prix, ainsi que l'attestent avec certitude les faits et les chiffres surabondamment constatés.

II. — LA VIANDE, LES COMESTIBLES DIVERS ET LA HOUILLE.

Pour la viande, la différence des prix n'est pas moins sensible que pour le pain, dans les hospices de Narbonne et dans ceux du Nord.

Tandis qu'à Narbonne, l'année dernière, les hospices payaient le bœuf un franc quarante-huit centimes le kilogramme, grâce à un rabais de trente-deux centimes sur le prix de la vente en ville ; tandis qu'ils payaient le mouton et le veau un franc quatre-vingts centimes, grâce à un rabais de soixante centimes sur le prix de deux francs quarante centimes le kilogramme payé dans la ville, on achetait dans les hospices du Nord les trois qualités de viande réunies, bœuf, veau et mouton, sans distinction, aux prix suivants :

Dans le département de l'Eure, un franc cinquante centimes à Louviers, un franc quarante centimes à

Gisors, un franc quarante-quatre centimes à Bernay, un franc trente-neuf centimes à Verneuil, un franc trente-six centimes à Évreux, un franc trente-trois centimes à Vernon, et un franc trente centimes à Pont-Audemer ;

Dans le département de la Seine-Inférieure, un franc cinquante-cinq centimes à Rouen, un franc cinquante centimes à Bolbec, un franc quarante-huit centimes à Grainville, un franc quarante centimes à Elbeuf, un franc trente centimes à Yvetot, un franc vingt-huit centimes au Havre et un franc dix-huit centimes à Dieppe ;

Dans le département de l'Oise, à Senlis, un franc cinquante-deux centimes ; à Noyon, un franc quarante-un centimes ; à Beauvais, un franc quarante centimes ; à Compiègne, un franc quarante centimes dans l'hôpital et un franc trente-huit centimes dans l'hospice ;

Enfin, dans le département de la Somme, à Péronne, un franc quarante-neuf centimes ; à Corbie, un franc trente-neuf centimes ; à Amiens, un franc quarante-un centimes dans l'Hôtel-Dieu, un franc vingt-neuf centimes dans l'hospice des incurables et un franc vingt-cinq centimes dans l'hospice général ; à Abbeville, un franc vingt-six centimes dans l'hôpital et un franc dix-sept centimes dans l'hospice ; à Doullens, un franc trente centimes, et à Roye, un franc vingt-quatre centimes seulement.

Si l'on réfléchit que le bœuf, le veau et le mouton ont été achetés au même prix, on reconnaîtra que dans ces départements les hospices obtiennent la viande à des conditions meilleures que les nôtres, le rayon d'approvisionnement pour nos contrées étant moins favorable, et notre culture essentiellement vinicole ne permettant pas l'élevage du bétail, dont les produits précieux, lorsqu'ils abondent, atténuent considérablement ce qu'aurait d'excessif le prix de la viande, en présence des populations croissantes et des progrès de la richesse publique.

Dans tous ces hospices de la région observée, le prix de la viande est donc plus bas qu'à Narbonne.

Il en est de même du lait, par un motif semblable. Les pâturages ayant peu d'étendue dans nos contrées, le fourrage étant cher et la production du bétail à peu près nulle, le prix élevé du lait en résulte. Comparé aux prix payés par les autres hospices, il fait ressortir des différences plus grandes encore que pour le pain et pour la viande.

Ainsi, pendant qu'à Narbonne on paie le lait cinquante centimes le litre dans la ville et quarante-cinq centimes dans les hospices, on le paie dans les établissements dont nous nous occupons aux prix suivants, beaucoup plus bas :

A Elbeuf, vingt-deux centimes et demi le litre;

A Senlis, à Compiègne, à Gisors, à Vernon, à Corbie, à Doullens et à Péronne, vingt centimes;

A Rouen, à Dieppe, à Évreux et à Verneuil, dix-huit centimes;

A Pont-Audemer, dix-sept centimes et demi;

A Yvetot et à Bolbec, quinze centimes;

A Noyon, treize centimes;

Au Havre, onze centimes quatre dixièmes; et à Grain-ville, onze centimes deux dixièmes; prix extrêmement faibles, les plus bas que nous ayons eu à citer dans ces dernières années, avec celui de douze centimes un dixième constaté à Brest dans l'hôpital de la marine, et celui de onze centimes un quart constaté dans les hos-pices de Saint-Omer.

Pour le pain, la viande et le lait, il est donc bien évident que les prix d'achat, très inférieurs à ceux de Narbonne, ne peuvent élever le prix de journée des hospices du Nord dans une proportion plus forte que dans les nôtres. Un résultat inverse, l'abaissement de ce prix de journée, serait au contraire naturel et se produirait avec certitude, si des dépenses moins essen-tielles, d'une nature différente, ne modifiaient pas la situation. En évitant les dépenses de luxe, inutiles dans la maison des pauvres; en consacrant, comme à Narbonne, les efforts, les soins, les ressources de l'administration au bien-être des indigents et au traitement efficace de leurs maladies, on obtient des résultats précieux, favorables au point de vue de la dépense, satisfaisants pour les villes et consolants pour l'humanité.

Mais, les objets indiqués ne sont pas les seuls que l'on obtient dans les hospices du Nord à des prix moins élevés qu'à Narbonne.

D'autres produits, agricoles ou industriels, sur lesquels nous n'insisterons pas, pour arriver plus vite à celui qui intéresse le plus nos contrées; d'autres produits, achetés dans le Nord à des prix moindres qu'à Narbonne, font ressortir encore, comme les précédents, la difficulté de la gestion hospitalière dans notre ville, où des ressources faibles et des prix élevés aggravent la situation.

Ainsi, les pommes de terre, qui coûtent à Narbonne, douze, quatorze, quinze francs les cent kilogrammes, et plus encore lorsqu'elles sont nouvelles, les pommes de terre coûtent à Amiens onze francs, au Havre huit francs quarante centimes, à Rouen sept francs, et à Verdun, dans la Meuse, où l'on se plaint beaucoup de leur cherté, cinq francs les cent kilogrammes.

La houille, qui coûte à Narbonne, dans les hospices,

avec les droits d'octroi et les frais divers, trente-sept francs cinquante centimes la tonne de mille kilogrammes, la houille coûte dans les hospices de la région observée, tous droits d'octroi et frais accessoires payés :

A Beauvais, trente-cinq francs la tonne ;

A Yvetot, trente-quatre francs ;

A Pont-Audemer, trente-trois francs ;

A Brest, trente-deux francs cinquante centimes dans l'hôpital de la marine et trente-deux francs dans l'hôpital civil ;

A Grainville, trente-deux francs cinquante centimes ;

A Bernay, trente-un francs quatre-vingt-onze centimes ;

A Clermont-de-l'Oise, trente francs vingt centimes ;

A Rouen, vingt-neuf francs quinze centimes ;

A Amiens, vingt-huit francs quarante-sept centimes ;

Au Havre, vingt-huit francs quarante centimes, à Doullens vingt-huit francs et à Dieppe, vingt-sept francs.

La houille anglaise, qui inonde les ports de la Manche et de l'Océan, secondée puissamment par la facilité d'extraction, la proximité des ports d'embarquement, le bas prix du fret et les tarifs différentiels de nos compagnies de chemins de fer, qui favorisent les longs parcours au détriment des petits, la houille anglaise pénètre dans l'intérieur du pays, se répand dans un grand nombre de départements et permet aux villes de la région de s'approvisionner à des prix moindres que dans nos contrées. Les hospices de Rouen, du Havre, de Rennes, de Dieppe, de Brest, de Nantes et de Vitré, n'en emploient pas d'autre. A Rouen même, depuis quelque temps, on la reçoit de plus loin, avec un supplément de prix peu important. Après avoir employé successivement la houille de Newcastle et celle de Cardiff, les hospices de Rouen la reçoivent à présent d'Écosse, en la payant un franc quinze centimes de plus par mille kilogrammes. La qualité leur paraît mieux appropriée à leurs besoins, qui sont importants, le chauffage figurant dans le budget de l'Hôtel-Dieu de Rouen pour vingt mille francs et dans celui de l'Hospice général pour quarante-deux mille francs.

Le grand fourneau économique de l'hospice général de Rouen ayant coûté près de quatorze mille francs (13,796 fr. 85), et réclamant des soins attentifs; la dépense faite pour la cuisine, récemment reconstruite sur l'emplacement de l'ancienne horloge démolie, ayant été considérable, et la construction, l'installation perfectionnée d'une buanderie centrale pour les deux établissements ayant nécessité comme dépense préliminaire l'achat d'une propriété immobilière, à quatre kilomètres de Rouen, de un hectare quatre-vingt-cinq ares quarante centiares, qui a coûté, tous frais compris, soixante-dix mille neuf cent quarante-neuf francs, on ne saurait prendre trop de précautions et trop de soin, dans des conditions pareilles, avec un outillage perfectionné, pour le choix du combustible. On ne néglige donc rien pour l'avoir excellent. Néanmoins, la houille coûte aux hospices de Rouen huit francs cinquante-cinq centimes de moins qu'à Narbonne.

Pour tous les produits indiqués, dont la consommation est nécessaire et grande, les conditions d'approvisionnement et de prix sont donc plus favorables pour les hospices du Nord que pour les nôtres. Les chiffres produits le démontrent avec évidence.

Les faits relatifs au pain, à la viande, à divers comestibles et à la houille étant exposés, il ne nous reste plus à citer que les boissons, comme dernier et frappant exemple à l'appui de la démonstration entreprise.

III. — LE VIN, LA BIÈRE ET LE CIDRE. LEUR CONSOMMATION ET LEURS PRIX MOYENS DANS LEURS RAPPORTS AVEC LA DÉPENSE. — LE VIN ET L'ALCOOL. RÉSULTATS CONSTATÉS DANS LES PAYS PRODUCTEURS DE VIN ET DANS LES VILLES DU NORD. AMÉLIORATION POSSIBLE DANS L'AVENIR. — PART PROPORTIONNELLE DES BOISSONS DANS LE PRIX DE REVIENT DE LA JOURNÉE A ROUEN, AU HAVRE, A AMIENS, A CAMBRAI ET A LILLE.

Parmi les denrées dont la consommation est importante dans les hospices, le vin, devenu très cher, pourrait faire augmenter le prix de journée dans les départements éloignés des centres de production. Les frais de transport, les droits multiples qui frappent cette denrée et la rendent chère, influeraient certainement sur la dépense et en modifieraient les résultats, si le vin était la seule boisson des pauvres dans les hospices du Nord. Mais, il n'en est pas ainsi. La bière et le cidre consommés en quantités plus grandes et à des prix moindres que le vin, réduisent à tel point la dépense, que le prix moyen des diverses boissons consommées simultanément dans les hospices du Nord est beaucoup plus bas que le prix du vin dans les nôtres.

Quelques exemples pris dans les hospices du département de la Somme, où la bière domine, dans les hospices de Rouen et du Havre où le cidre et la bière sont consommés en même temps que le vin, et dans les hospices situés dans une région où le cidre est la boisson principale du pays, mettront en évidence l'exactitude de cette assertion, et feront connaître en même temps des usages entièrement différents des nôtres.

§ 1. — *Le vin et la bière dans les hospices du département de la Somme. Abbeville, Corbie, Amiens et Doullens. Consommation et prix comparés. Droits fiscaux exorbitants. Nécessité d'une réduction.*

Dans les hospices du département de la Somme, où la consommation de la bière domine celle du vin, le prix des deux boissons réunies, sans être aussi bas que dans les départements producteurs de cidre, est cependant curieux à constater, le prix moyen de ces deux boissons, beaucoup plus faible que celui du vin à Narbonne, étant la conséquence d'une fabrication spéciale, de la production locale, importante, de la bière, dont l'influence sur la consommation est très grande. L'examen des faits relatifs à la consommation et aux prix comparés de la bière et du vin dans les hospices d'Abbeville, de Corbie, d'Amiens et de Doullens, le démontrera clairement.

A Abbeville, le prix du vin acheté par les hospices a

été de soixante-dix-sept francs l'hectolitre et celui de la bière de seize francs. A ces prix, on a consommé soixante-huit hectolitres de vin et six cent soixante-quatre hectolitres de bière. La quantité de bière consommée ayant été beaucoup plus grande que celle du vin et son prix beaucoup moindre, le prix moyen des deux boissons réunies a été de vingt-un francs soixante-six centimes l'hectolitre. Quoique plus faible qu'à Narbonne, ce prix est le plus élevé que nous aurons à constater dans la région, soit à cause des facilités d'approvisionnement qui favorisent les autres villes, soit parce que la bière fabriquée dans quelques établissements revient dans ces hospices à un prix moindre.

A Corbie, dans le même département, le prix du vin étant à soixante-sept francs l'hectolitre et celui de la bière à cinq francs, on a consommé vingt-sept hectolitres de vin et cent cinquante hectolitres de bière. La consommation de la bière ayant été cinq fois plus forte que celle du vin et son prix treize fois plus faible, le prix moyen des deux boissons réunies a été de quatorze francs quarante-cinq centimes l'hectolitre.

A Amiens, le prix du vin étant de soixante-douze francs l'hectolitre, et la bière fabriquée dans l'hospice général revenant à sept francs quatre-vingt-quinze centimes, on a consommé cent quatre-vingt-six hectolitres

de vin et deux mille six hectolitres de bière. La consommation de la bière étant presque onze fois plus
forte que celle du vin et son prix neuf fois plus faible,
le prix moyen des deux boissons réunies a été de treize
francs trente-huit centimes l'hectolitre.

Enfin, à Doullens, le vin ayant été acheté à quarante-
huit francs l'hectolitre, et la bière, fabriquée dans
l'établissement, revenant comme à Amiens à sept francs
quatre-vingt-quinze centimes, on a consommé neuf
hectolitres de vin et cent cinquante-neuf hectolitres de
bière. Le prix de la bière ayant été six fois plus faible
que celui du vin et sa consommation dix-sept fois plus
forte, le prix moyen des deux boissons réunies a été de
dix francs l'hectolitre.

Tel est donc le résultat dans les hospices du département de la Somme, où la bière domine. Sur un
ensemble de trois mille deux cent soixante-neuf hectolitres de boissons, on n'a consommé que deux cent
quatre-vingt-dix hectolitres de vin, au prix moyen de
soixante-onze francs quatre-vingt-quinze centimes, tandis que la bière a atteint le chiffre de deux mille neuf
cent soixante-dix-neuf hectolitres, au prix moyen de
neuf francs cinquante-neuf centimes. La consommation
de la bière ayant été dix fois plus forte que celle du
vin et son prix sept fois plus faible, le prix moyen des

deux boissons réunies a été de quinze francs douze centimes l'hectolitre, très inférieur au prix actuel du vin à
Narbonne.

Dans les autres parties de la région, les résultats sont
aussi frappants. Obtenus comme les précédents, avec
des chiffres exacts, provenant directement des administrations hospitalières, ils sont dignes de toute confiance et méritent de fixer l'attention. Ils constatent,
d'ailleurs, des faits différents de ceux de nos contrées,
et par conséquent instructifs, utiles, précieux à la fois
pour l'agriculture et pour le commerce, en montrant
la voie dans laquelle doivent s'engager nos contrées
pour faire modifier des habitudes locales, anciennes, et
faire acquérir au produit principal du Midi une part
plus large dans la consommation des villes du Nord.

Après l'examen des faits que nous indiquerons pour
les villes du Havre, de Rouen et de Dieppe; après avoir
vu les conséquences des grandes taxes perçues dans
ces trois villes sur le vin, on s'efforcera d'obtenir un
abaissement du tarif, qui peut seul faire augmenter la
consommation au point de vue commercial et améliorer dans les hospices du Nord la situation des pauvres,
privés aujourd'hui de boire du vin. Dans ces contrées
septentrionales, françaises pourtant, une des plus grandes productions nationales, le vin, est l'exception, la

bière et le cidre sont la règle. Pour que le malade ait
du vin, dans les hôpitaux de ces régions, il faut une
ordonnance du médecin, comme pour une préparation
spéciale de la pharmacie: S'ils ne sont pas malades, le
vieillard, l'incurable, l'infirme et l'orphelin des hospices
n'ont pas de vin. Est-ce là de la raison, de la justice et
du droit? Est-ce là de l'humanité? Telle est pourtant
la conséquence des grandes taxes. Nous avons la confiance qu'en inspirant peu d'admiration et d'estime pour
des droits fiscaux exorbitants, qui produisent de tels
résultats et nuisent à la santé des peuples, un simple
exposé des faits fera apprécier, aimer nos hospices, où
tout le monde a du vin, tous les jours, à tous les repas,
malgré la cherté persistante de ces dernières années.

§ 2. — *Le vin, le cidre et la bière dans les hospices du Havre
et de Rouen. Les droits d'octroi, de circulation et de taxe
unique, dans ces deux villes, dépassent le prix moyen des
boissons consommées.*

Au Havre, où l'on consomme simultanément, dans
l'Hospice civil, du vin, du cidre et de la bière, on a
consommé cinq cent cinquante-six hectolitres de vin à
cinquante-six francs l'hectolitre, douze cent soixante
hectolitres de bière à huit francs cinquante centimes et
huit cent quatre-vingt-seize hectolitres de cidre fabriqué

dans l'établissement, au prix de revient de quatre francs
quarante centimes. Les quantités de bière et de cidre
consommées ayant été presque quatre fois plus fortes
que celle du vin et leur prix huit fois plus faible, le
prix moyen des trois boissons, vin, bière et cidre, a été
de seize francs quatre-vingt-huit centimes l'hectolitre,
prix inférieur à la fois à la valeur du vin à Narbonne
et aux droits réunis d'octroi, de circulation et de taxe
unique, dont le total perçu au Havre par hectolitre de
vin, s'élève avec les décimes au chiffre considérable de
dix-huit francs vingt-huit centimes l'hectolitre.

A Rouen, les hospices ont consommé huit cent
trente-deux hectolitres de vin à cinquante francs l'hectolitre, mille quatre-vingt-dix-sept hectolitres de bière
fabriquée dans l'hospice général au prix de revient de
six francs, et deux mille cinq cents hectolitres de cidre
au prix de dix francs. Les quantités réunies de bière et
de cidre consommées ayant été quatre fois plus grandes
que celle du vin et leur valeur moyenne presque six
fois plus faible, le prix moyen des trois boissons réunies
a été de seize francs cinquante-deux centimes l'hectolitre, prix inférieur comme au Havre aux droits perçus
par la ville et par le Trésor, dont le total s'élevant à
dix-sept francs quarante-huit centimes l'hectolitre, con-
tribue à restreindre la consommation.

Pour les villes du Havre et de Rouen réunies, les deux seules de la région où l'on consomme simultanément du vin, de la bière et du cidre, le résultat a donc été celui-ci. Sur un ensemble de sept mille cent quarante-un hectolitres de boissons consommées dans les hospices, le vin est entré pour treize cent quatre-vingt-huit hectolitres, au prix moyen de cinquante-deux francs quarante centimes, tandis que la bière et le cidre ensemble ont atteint le chiffre considérable de cinq mille sept cent cinquante-trois hectolitres au prix moyen de huit francs. Les quantités de bière et de cidre consommées étant quatre fois plus fortes que celle du vin et leur prix six fois plus faible, le prix moyen des trois boissons réunies a été de seize francs soixante-six centimes l'hectolitre.

Malgré les droits qui frappent le vin à l'entrée de ces deux villes, l'approvisionnement des boissons dans leurs hospices a donc été fait à un prix moindre qu'à Narbonne, mais dans des conditions moins favorables au point de vue de la santé des pauvres, la bière et le cidre ne pouvant convenir à des malades, à des vieillards débiles et à de jeunes orphelins. L'abaissement des droits sur le vin, si souvent réclamé, n'aurait donc pas seulement pour objet et pour résultat d'être utile aux populations viticoles, de faciliter le commerce et l'industrie, en ouvrant de larges débouchés à une production importante. Ce serait au plus haut point une mesure utile d'hygiène, d'intérêt public et d'humanité.

§ 3. — *Le vin et le cidre dans les hospices où le cidre est la boisson principale. Évreux, Verneuil, Yvetot, Dieppe, Les Andelys et Grainville. Le droit sur le vin, à Dieppe, est deux fois plus fort que le prix moyen des boissons consommées.*

Si le prix moyen des boissons consommées paraît bas, lorsqu'on le calcule pour les hospices où la bière domine et pour les hospices où la bière et le cidre sont consommés en même temps que le vin, il paraît plus bas encore lorsqu'on l'observe dans les hospices des villes où le cidre est la boisson principale. La consommation et les prix comparés du cidre et du vin dans quelques hospices des départements de l'Eure et de la Seine-Inférieure le démontreront clairement.

A Évreux, où l'on a acheté du vin des côtes du Rhône aux prix de cinquante-quatre francs quarante centimes l'hectolitre rendu en cave, et où l'on a obtenu du cidre, en le fabriquant dans l'établissement, au prix de sept francs l'hectolitre, on a consommé cinquante-cinq hectolitres de vin et trois cent soixante hectolitres de cidre. La consommation du cidre ayant été six fois plus forte que celle du vin et son prix presque huit fois plus faible, le prix moyen des deux boissons réunies a été de treize francs vingt-huit centimes l'hectolitre.

A Verneuil, le prix du vin étant à quarante-cinq francs l'hectolitre et celui du cidre à huit francs, on a consommé vingt-cinq hectolitres de vin et deux cent quarante hectolitres de cidre. La consommation du cidre ayant été neuf fois plus forte que celle du vin et son prix cinq fois plus faible, le prix moyen des deux boissons réunies a été de onze francs quarante-huit centimes l'hectolitre.

A Yvetot, le prix du vin étant à soixante-dix francs l'hectolitre et celui du cidre à dix francs, on a consommé quatre hectolitres de vin et trois cent dix-sept hectolitres de cidre. La consommation du cidre ayant été soixante-dix-neuf fois plus forte que celle du vin et son prix sept fois plus faible, le prix moyen du vin et du cidre réunis a été de dix francs soixante-quatorze centimes l'hectolitre.

A Dieppe, le prix du vin s'étant élevé à soixante-cinq francs cinquante centimes l'hectolitre et celui du cidre fabriqué dans l'établissement n'étant revenu qu'à quatre francs vingt-six centimes, on a consommé soixante-deux hectolitres de vin et six cent trente-huit hectolitres de cidre. La quantité de cidre consommée ayant été dix fois plus forte que celle du vin et son prix quinze fois plus faible, le prix moyen des deux boissons réunies n'a été que de neuf francs soixante-huit centimes l'hectolitre, bien qu'un droit exorbitant de dix-neuf francs quarante-cinq centimes l'hectolitre ait été appliqué au prix primitif du vin, qui était de quarante-six francs cinq centimes. Dans cette ville, le droit sur le vin a été deux fois plus fort que le prix moyen des deux boissons consommées. Plus élevé qu'au Havre et à Rouen, il y produit des résultats plus désastreux encore, la part proportionnelle du vin dans la consommation des hospices de Dieppe étant beaucoup plus faible qu'au Havre et à Rouen.

Aux Andelys, où le prix du vin a été de quatre-vingt-treize francs l'hectolitre, et où le cidre fabriqué dans l'établissement a été obtenu au prix de cinq francs cinquante centimes, on a consommé sept hectolitres de vin et deux cent vingt-cinq hectolitres de cidre. Le prix du cidre ayant été presque dix-sept fois plus faible que celui du vin et sa consommation trente-deux fois plus forte, le prix moyen des deux boissons réunies a été de huit francs quatorze centimes l'hectolitre.

Enfin, à Grainville, où le prix du vin a été de quatre-vingt-dix francs l'hectolitre, et où le cidre fabriqué dans l'établissement est revenu à cinq francs, on a consommé six hectolitres de vin et trois cent soixante-quatre hectolitres de cidre. La consommation du cidre, boisson ordinaire du pays, ayant été soixante fois plus forte que celle du vin et son prix dix-huit fois plus faible, le prix moyen des deux boissons consommées a été de six francs trente-sept centimes l'hectolitre, six ou sept fois plus faible que le prix du vin à Narbonne, en tenant compte des droits.

Tel est donc le résultat pour les hospices où le cidre est la boisson principale. Sur un ensemble de deux mille trois cent trois hectolitres de boissons consommées, le vin, acheté au prix moyen de soixante francs soixante-huit centimes l'hectolitre, n'est entré dans la consommation que pour cent cinquante-neuf hectolitres, ou sept pour cent, tandis que le cidre, au prix moyen de six francs vingt-quatre centimes, est entré dans la consommation pour deux mille cent quarante-quatre hectolitres, ou quatre-vingt-treize pour cent. Le prix du cidre ayant été neuf fois plus faible que celui du vin et sa consommation treize fois plus forte, le prix moyen des deux boissons réunies a été de dix francs l'hectolitre, inférieur aux prix observés dans les hospices où la bière domine, inférieur aux prix du Havre et de Rouen, où l'on consomme de la bière et

du cidre en même temps que du vin, et quatre fois plus
faible que le prix du vin noir à Narbonne.

§ 4. — *Le vin et l'alcool. Résultats constatés dans les pays
producteurs de vin et dans les villes du Nord. Amélioration
possible dans l'avenir.*

La loi générale des bas prix excitant la consommation et des consommations se développant en raison
directe des facilités de tout genre qui leur sont données,
reçoit de l'exposé des faits sérieux, exact, sévèrement
contrôlé, que nous venons de faire, une confirmation
éclatante, conforme aux données exactes de la science
pure, dont elle justifie les théories par des résultats
pratiques.

Cependant, malgré la concurrence des boissons à
bas prix, malgré la fabrication spéciale, perfectionnée,
étendue de la bière et du cidre, le vin à cause de ses
qualités supérieures, doit espérer un avenir meilleur.
Si la consommation est aussi faible aujourd'hui dans
ces régions, c'est surtout parce que des entraves de
toute nature, en ce qui concerne la circulation et le
libre transport, empêchent le vin d'arriver facilement
dans les pays de consommation, et parce que des droits
considérables, perçus au profit des municipalités et du
Trésor, l'empêchent de pénétrer facilement dans les

villes et d'atteindre une classe plus nombreuse de con-
sommateurs. Avec la suppression des entraves et une
large réduction des droits, le vin du Midi, bien meilleur que la bière et le cidre, auxquels ses qualités
naturelles, hygiéniques et salubres, le feront toujours
préférer, le vin du Midi, supérieur à ces boissons comme
tonique, entrerait pour une large part dans la consommation.

La prévison est d'autant plus vraisemblable et juste,
que le vin du Midi, généreux, chaud, alcoolique, convient particulièrement aux climats humides et brumeux
du Nord. Un vin tonique et fortifiant est absolument
nécessaire dans ces froides contrées, où le brouillard,
intense, pénétrant, répand ses vapeurs dans l'atmosphère, au milieu des plus beaux jours de l'hiver, et où
l'été, sous l'influence de pluies persistantes, n'offre
souvent à l'œil attristé qu'un pays profondément
humide, froid pour l'homme du Midi qui le visite, surabondamment submergé, sans soleil, sans animation et
sans vie.

A défaut de vin, les populations septentrionales se
rejettent sur l'alcool malsain de betteraves, de grains ou
d'autres substances farineuses, contrairement à l'usage
des pays producteurs de vin, où la consommation de
l'eau-de-vie est sans importance. Ainsi, tandis que

d'après les résultats financiers des octrois, recueillis par le Ministre des finances et publiés au mois de décembre 1880, la consommation de l'alcool dans les départements de l'Aude et du Gard, est de un demi-litre par tête et par an; tandis qu'elle est de un à deux litres à Montpellier, Toulouse, Bordeaux, Cahors, Agen, Avignon, Draguignan et Auxerre, pays producteurs de vin; de un litre et demi dans le Gers, où l'on produit à la fois du vin et l'eau-de-vie d'Armagnac; de un litre deux dixièmes dans la Charente-Inférieure où l'on produit à la fois du vin et l'eau-de-vie supérieure de Cognac; dans les pays privés de vin, au contraire, la situation, très différente, est alarmante et grave. Dans ces régions malheureuses, la consommation de l'alcool pur à cent degrés atteint les proportions suivantes par tête et par an : à Beauvais, huit litres quatre dixièmes; à Évreux, huit litres cinq dixièmes; à Amiens, neuf litres deux dixièmes; à Rouen, douze litres six dixièmes, et dans la ville du Havre, douze litres neuf dixièmes, chiffres constatant une consommation d'alcool extraordinaire, qui dépasse la consommation de notre département dix-sept fois à Beauvais et à Évreux, dix-huit fois à Amiens, vingt-cinq fois au Havre et à Rouen.

Les pouvoirs s'émeuvent quelquefois, en présence de cette consommation malsaine, fatale à la santé des populations et à l'honneur du pays. Ils s'en affligent et pensent y remédier en accroissant les taxes, en ajoutant des formalités nouvelles et des droits nouveaux aux taxes primitives, déjà énormes. C'est du moins l'argument qui nous était opposé, lorsque nous combattions, en 1847, la surtaxe proposée pour la ville de Rouen, et en 1849, la surtaxe proposée pour la ville d'Amiens. A ces deux époques, pour prouver la nécessité des surtaxes, pour démontrer leur utilité, on alla jusqu'à comparer l'alcool à l'opium.

Les faits ont répondu péremptoirement. Le mal est le même, sinon plus grand.

L'erreur fut donc profonde à ces deux époques.

Le remède n'est pas dans les grandes taxes de l'alcool, qui ne modifient pas la constitution économique d'un pays et ne changent pas ses habitudes, mais dans les faibles taxes du vin, qui introduiraient un élément nouveau, plus sain, dans la consommation des peuples du Nord, et amélioreraient leur situation en les moralisant; dans les facilités de toute nature données pour le transport libre et l'entrée facile du vin dans les villes.

Si le vin du Midi, abondant et sain, éminemment hygiénique et salubre, arrivait facilement dans les villes du Nord, la consommation de l'alcool diminuerait dans de grandes proportions.

Le remède est là et point ailleurs. Le vin seul donnera au Nord la boisson fortifiante que nécessite son climat. Le vin seul changera ses habitudes, l'expérience et les chiffres les plus certains démontrant surabondamment que partout où l'on a du vin, on consomme peu d'alcool.

Les populations des villes septentrionales en profiteraient largement; et les hospices, réduits aujourd'hui à la consommation peu hygiénique de la bière et du cidre, entreraient dans une voie nouvelle, plus heureuse pour eux, plus honorable pour le pays. On ne verrait plus dans les hospices du Nord les enfants débiles, au teint décoloré, les vieillards exténués, abattus et tristes. Le vin leur donnerait la force, l'énergie vitale et la santé.

§ 5. — *Part proportionnelle des boissons dans le prix de revient de la journée, à Rouen, au Havre, à Amiens, à Cambrai et à Lille. Conclusion du chapitre.*

Malgré sa cherté, malgré les droits qui le frappent, le vin ne peut avoir dans les hospices du Nord une grande influence sur le prix de revient de la journée, sa consommation étant peu importante. Réuni à la bière et au cidre, il n'entre dans la dépense individuelle journalière, à Rouen, au Havre, à Amiens, que dans des proportions très faibles, indiquées par les chiffres suivants.

A Rouen, le vin, la bière et le cidre réunis entrent dans la dépense de l'Hôtel-Dieu pour seize centimes sur un prix de journée de deux francs soixante-dix-sept centimes, et dans la dépense de l'hospice général pour onze centimes sur un prix de journée s'élevant à un franc quarante-trois centimes.

Au Havre, les mêmes boissons entrent dans la dépense de l'hôpital pour treize centimes sur un prix de journée de deux francs trente-huit centimes.

A Amiens, où l'on ne consomme pas de cidre, le vin et la bière réunis figurent dans la dépense de l'Hôtel-Dieu pour quatorze centimes sur un prix de journée de deux francs trente-huit centimes quatre dixièmes; dans la dépense de l'hospice des incurables pour neuf centimes sur un prix de journée s'élevant à un franc cinquante-sept centimes, et dans la dépense de l'hospice général pour cinq centimes seulement sur un prix de journée s'élevant à un franc vingt-trois centimes.

Même dans les hospices exceptionnellement riches, comme ceux de Cambrai, par exemple, dont nous avons cité, l'année dernière, les excédents de recettes considérables de six cent onze mille huit cents francs avant l'achat de divers domaines et de trois cent huit mille francs après l'achat de vastes possessions territoriales ; dans les hospices de Cambrai où l'on n'est pas tenu à une économie bien rigoureuse, à cause des grandes ressources, les boissons ne prennent qu'une part relativement faible dans le prix de journée. Elles figurent dans la dépense de l'hôpital de Cambrai pour trente-quatre centimes sur un prix de journée de trois francs quatre-vingt-dix-sept centimes soixante-un centièmes, et dans la dépense de l'hospice pour quinze centimes seulement sur un prix de journée s'élevant à un franc cinquante-six centimes.

A Lille, où les hospices sont puissamment riches, puisque l'on évalue leur fortune en terres ou en titres divers, à plus de quarante millions de francs ; à Lille, où les comptes se soldent par des excédents considérables de recettes, le vin et la bière, seules boissons consommées, figurent dans la dépense de l'hôpital Saint-Sauveur pour dix-sept centimes sur un prix de journée de deux francs quarante centimes et dans la dépense de l'hospice général pour quatre centimes seulement sur un prix de journée s'élevant à un franc deux centimes.

L'influence des boissons sur le prix de journée est en réalité si faible dans les hospices du Nord, relativement aux autres dépenses, que si l'usage des boissons

était complètement supprimé, contrairement à tout
bon sens et à tout sentiment d'humanité, les prix de
journée des établissements hospitaliers de Rouen, du
Havre, d'Amiens, de Cambrai et de Lille, seraient encore
plus élevés que les prix de journée de l'Hôtel-Dieu et
de la Charité de Narbonne. Les chiffres les plus certains, les calculs les plus exacts le démontrent surabondamment.

Les produits agricoles ou industriels de diverses
natures que nous avons énumérés étant à des prix
moindres dans la région septentrionale observée qu'à
Narbonne, ce n'est pas évidemment la dépense dont ils
sont la cause, qui peut produire un prix de journée
supérieur à celui de nos hospices. La raison n'est pas
là. Un personnel nombreux et cher, des bâtiments
entraînant des dépenses considérables, un mobilier
coûteux, le luxe même pénétrant dans les asiles du
pauvre, telles sont les causes principales qui élèvent
ailleurs le prix de journée. En les évitant à Narbonne;
en maintenant les dépenses du personnel, du matériel
et des frais généraux de toute nature dans de justes
limites; en consacrant au soin des malades, au bien-
être des pauvres et des orphelins la plus grande partie
des ressources ordinaires et celles qui proviennent
accidentellement des libéralités publiques ou privées,

les hospices obtiennent des résultats meilleurs pour
le traitement des malades et la santé des indigents. La
mortalité comparativement faible constatée chaque
année en est la preuve.

Ce n'est donc pas à une situation favorable pour les
approvisionnements et pour la valeur des produits consommés que les hospices de Narbonne doivent un prix
de journée relativement faible. Ils le doivent à leur
économie prudente et réfléchie, à des soins assidus et
persévérants, à une surveillance active, à un dévouement absolu, dans l'intérêt public, pour le bien des
pauvres et l'honneur du pays.

Si les résultats obtenus paraissent grands, lorsque
l'on compare les prix des principaux objets de consommation à Narbonne et dans le Nord, ils paraîtront plus
grands encore lorsque nous comparerons les revenus
fixes des hospices et les subventions municipales dans
les deux régions. Si les revenus fixes, en effet, sont plus
faibles à Narbonne que dans le Nord; si les subventions
municipales y sont moins importantes ; et si, malgré
ces circonstances défavorables, les résultats sont meilleurs, le mérite des établissements de Narbonne sera
plus grand. Ces asiles vénérés de malades et de pauvres,
qui honorent la ville, et dont l'histoire se rattache avec
tant de puissance et d'honneur à la glorieuse histoire

de notre patrie ; ces maisons utiles, chères au peuple de Narbonne et de nos contrées, paraîtront plus dignes encore d'admiration, de respect et de sympathie. Le malheur, la souffrance, les larmes, inspirent la pitié, excitent les sentiments sympathiques des hommes de bien, émeuvent les cœurs généreux, fixent l'attention des villes et provoquent les témoignages touchants de la charité privée comme les manifestations utiles de la bienfaisance publique.

Tel sera, nous l'espérons, le résultat des faits exposés dans le dernier chapitre, contenant l'examen comparé des revenus fixes des hospices et des subventions municipales, à Narbonne et dans le nord de la France.

CHAPITRE QUATRIÈME.

Les revenus fixes des hospices et les subventions municipales, à Narbonne et dans le nord de la France.

La partie la plus faible de la gestion hospitalière à Narbonne, et, par conséquent la plus digne d'intérêt, de sollicitude et de sympathie pour les hommes dévoués aux pauvres, la partie la plus faible est celle des revenus fixes, comprenant seulement aujourd'hui, pour une dépense nécessaire, dont le total s'élève à près de cent vingt mille francs (119,673 fr. 74 c.), une rente sur l'État de trente-deux mille quatre-vingt-quinze francs et une rente de deux cent quatre francs sur divers particuliers. Sans la subvention municipale fixée à trente mille francs dans le budget ordinaire de 1881, les hospices n'auraient pas le tiers de la somme nécessaire pour faire face aux dépenses des deux établissements. Avec cette subvention, ils n'ont pas les deux tiers.

L'augmentation annuelle de dix mille francs, accordée

plus tard, est encore insuffisante, puisque le déficit de l'exercice 1890, constaté au 31 mars 1891, dépasse la somme de six mille francs (6,650 francs 15 centimes).

De là une grande gêne et une gestion difficile.

De là une grande incertitude dans les ressources, dont la conversion de la dette publique a donné de nos jours deux frappants exemples, en faisant perdre aux hospices trois mille francs de rente par la conversion du 5 pour cent en 4 1/2, et en les forçant à payer à l'État pour la conversion du 4 1/2 en 3 pour cent, une soulte de 32,708 francs 40 centimes. La conséquence de ces deux mesures, la perte d'une rente annuelle de quatre mille cinq cents francs a été si grande, que malgré les années écoulées depuis ces opérations financières, malgré des legs nombreux et des rachats de rentes multipliés, dont le capital a été versé au Trésor pour être placé sur les fonds publics, le chiffre de la rente sur l'État antérieur aux deux conversions n'est pas encore atteint.

De cette situation des hospices, de cette constitution spéciale de la fortune hospitalière à Narbonne, comparée avec celle des hospices du Nord, résultent des différences essentielles, que nous indiquerons dans les deux titres suivants, concernant les revenus fixes et les subventions municipales.

I. — LES REVENUS FIXES.

Dans un grand nombre de villes du Midi, à Narbonne, Montpellier, Cette, Marseille, Toulon, Draguignan et Grasse, la principale ressource des hospices est la rente sur l'État. Il n'y a point de revenu provenant de domaines.

Dans le Nord, c'est l'inverse. Les fermages en argent ou en nature, les loyers des maisons et les coupes ordinaires de bois dominent partout les rentes.

Ainsi, dans le département de l'Oise, à Beauvais où la rente sur l'État est de trente-sept mille francs, les fermages, les loyers de maisons ou de terrains, les coupes ordinaires de bois et les intérêts de divers capitaux produisent cent vingt-cinq mille francs.

A Clermont-de-l'Oise, où la rente sur l'État est de vingt-quatre mille deux cents francs, les fermages, les coupes de bois et les intérêts des capitaux disponibles produisent cinquante-quatre mille quatre cents francs.

A Senlis, où la rente sur l'État est de quinze mille francs, les fermages et les intérêts divers s'élèvent à trente-cinq mille francs; et à Compiègne, où la rente sur l'État est de vingt-trois mille francs, les fermages, les loyers des maisons et les intérêts de divers capitaux produisent quatre-vingt mille francs.

Dans le département de l'Eure, où les cinq hospices réunis d'Évreux, de Vernon, de Bernay et de Pont-Audemer n'ont ensemble qu'une rente sur l'État de trente-huit mille francs, les fermages, les loyers des maisons, les coupes de bois et les intérêts des capitaux donnent cent cinquante mille francs.

Dans le département de la Seine-inférieure, à Rouen, où les arrérages de la rente sur l'État s'élèvent à cent soixante-treize mille francs, les loyers des maisons, les baux emphytéotiques, les fermages en argent, la location de la chasse, l'intérêt des fonds placés au Trésor public ou au Mont-de-piété, les dividendes des actions de la banque, l'intérêt de divers capitaux appartenant aux établissements, les bénéfices du Mont-de-piété garantis aux hospices de Rouen par les statuts, et les ventes d'arbres de haute-futaie sur deux fermes, ont donné dans le dernier compte deux cent quatre-vingt-sept mille six cents francs, dépassant de cent quatorze mille six cents francs les arrérages de la rente.

Au Havre et à Dieppe, dans les hospices de ces deux villes réunies, où la rente sur l'État donne soixante mille francs, les fermages en argent, la location des chasses, l'intérêt des fonds placés au Trésor, au Mont-de-piété ou au Crédit foncier produisent cent vingt-quatre mille francs.

Dans le département de la Somme, à Amiens, où la rente sur l'État donne cent trente-sept mille francs, les loyers des maisons et des terrains produisent vingt-deux mille francs, les fermages en argent cent soixante-dix-huit mille trois cents francs, les coupes ordinaires de bois vingt mille cent quarante francs, la location du droit de chasse dix mille cent soixante francs, les fonds placés au Trésor public huit mille six cent quatre-vingt-seize francs et les fermages en nature évalués en argent quarante mille deux cents francs, en prenant pour base d'évaluation le prix de l'hectolitre de blé à dix-neuf francs, prix moyen des trois marchés les plus rapprochés de la Saint-André (30 novembre), époque où les fermages sont exigibles, suivant les usages locaux. Les ventes d'arbres et divers autres intérêts de capitaux produisant huit mille cinq cent quatre francs, portent le total des revenus différents de la rente sur l'État à deux cent quatre-vingt-huit mille francs, dépassant les arrérages de la rente de cent cinquante-un mille francs.

Enfin, dans les quatre hospices réunis de Corbie, d'Abbeville, de Roye et de Péronne, où la rente sur l'État donne cinquante mille six cent quatre-vingt-qua-

torze francs, les fermages, les loyers des maisons, les
coupes de bois et les intérêts des capitaux s'élèvent à
deux cent quatre mille trois cent cinq francs, dépassant la rente de cent cinquante-trois mille six cent
onze francs, ou de trois cent trois pour cent.

Pour les hospices réunis de toutes les villes
ci-dessus indiquées, tandis que la rente sur l'État
donne cinq cent cinquante-huit mille cinquante-sept
francs, les fermages, les loyers des maisons, les coupes
ordinaires de bois et les intérêts des capitaux, dépassant
les arrérages de la rente de sept cent quatre-vingt-onze
mille cent cinquante-huit francs, ou de cent quarante-
deux pour cent, produisent un million trois cent quarante-neuf mille deux cent cinq francs.

Étendus aux départements dont nous nous sommes
occupé, l'année dernière, à un autre point de vue, mais
sur lesquels nous ne pourrions revenir avec de nombreux détails sans fatiguer l'attention, les mêmes calculs
donneraient des résultats plus frappants encore. Ainsi,
par exemple, dans les hospices des trois départements
du Pas-de-Calais, des Ardennes et du Nord, où la rente
sur l'État donne sept cent mille francs, les fermages
en argent ou en nature, les loyers des maisons, les
baux emphytéotiques, les locations de chasses, les
coupes de bois et les intérêts divers, dépassant de un

million trois cent cinquante-six mille francs en nombres ronds, ou de cent quatre-vingt-quatorze pour cent, les arrérages de la rente, produisent deux millions cinquante-six mille six cent soixante francs.

Si l'on veut bien comparer par la pensée ces ressources si solides, constituées à l'abri des secousses et des opérations financières imprévues, avec les ressources de Narbonne si faibles et si incertaines, on appréciera mieux les services, les succès de nos établissements dans les diverses parties de la gestion administrative, et surtout en ce qui concerne la faiblesse comparative de la mortalité. Si les grandes ressources rendent faciles les soins donnés aux malades pauvres, les ressources faibles, incertaines, insuffisantes les rendent presque impossibles. Il faut donc qu'une puissance morale, une grande force de volonté et un dévouement absolu, inspiré par le cœur, par les sentiments élevés de l'honneur et du devoir, remplacent les soins, la sollicitude, l'affection, que les ressources matérielles ne peuvent donner. Telle est la raison et telle est la force des succès obtenus.

II. — LES SUBVENTIONS MUNICIPALES A NARBONNE ET DANS LE NORD DE LA FRANCE.

La différence considérable constatée entre la fortune des hospices de Narbonne et celle des hospices du Nord n'est pas la seule. Il y en a une autre dans la manière dont sont distribuées les subventions municipales. Le chiffre de ces subventions, discuté quelquefois au millieu de nous, n'est jamais l'objet, dans le Nord, d'une contestation quelconque entre les villes et les administrations des hospices, les conseils municipaux appréciant les services de ces établissements, et considérant leur prospérité comme le premier besoin public, dans l'intérêt général des malades, des indigents de tout ordre et du pays. Bien plus, les conseils municipaux dépassant les prévisions, les aspirations les plus larges de ces établissements d'humanité, donnent quelquefois plus aux administrations hospitalières qu'elles n'auraient osé espérer, les villes sachant bien que les secours donnés aux hospices, distribués avec discernement, avec une grande expérience pratique, avec un esprit de justice et de dévouement incontesté, soulagent le malade blessé, fiévreux ou infirme dans son lit de douleur, consolent les hommes dans l'infortune et honorent l'humanité.

Aussi, avons-nous vu, à Nantes, une subvention municipale de trois cent soixante-dix mille francs, que nous considérions comme remarquable, s'élever soudainement à quatre cent trente mille francs, par un seul vote supplémentaire de soixante mille francs. La dépense faite pour la boucherie des hospices de Nantes ayant dépassé de vingt-deux mille cinq cents francs, en 1878, la dépense de l'année précédente, il n'en fallut pas davantage, pour que le conseil municipal votât immédiatement un crédit supplémentaire presque trois fois plus fort que l'excédent de dépense constaté pour la viande; et ce vote eut lieu, bien que les hospices de Nantes eussent reçu, dans l'année, trente-huit mille francs de dons, quatre mille quatre-vingt-quinze francs provenant d'une vente d'alcools obtenus par la distillation de vins colorés par la fuchsine, et trente mille francs donnés par la ville pour des travaux extraordinaires.

Qu'avons-nous vu dans le nord-ouest de la France? A Vannes, une subvention municipale dépassant deux fois le revenu net hospitalier, à Granville et à Lorient des subventions dépassant trois fois le revenu, et à Brest, dans l'hôpital civil, distinct de celui de la marine, une subvention municipale dépassant huit fois le revenu, ce qui représenterait pour Narbonne, si les mêmes proportions étaient observées, des subventions surprenantes, bien capables d'épouvanter les conseils locaux, puisqu'elles s'élèveraient à soixante mille francs dans le cas de Vannes, à quatre-vingt-dix mille francs dans le cas de Granville ou de Lorient, et à deux cent quarante mille francs dans le cas de Brest.

Qu'avons-nous vu à Caen ? Une ville donnant spontanément à ses établissements hospitaliers, sans demande, sans démarche d'aucune sorte, une somme de dix mille francs, et élevant à plus de cent mille francs la subvention municipale de l'année, sur la simple appréhension, sur l'idée purement imaginaire, que l'administration des hospices pourrait se trouver en présence d'une balance exacte des recettes et des dépenses, dont la ville de Caen ne pouvait souffrir la perspective, ou d'un déficit qu'elle avait en horreur.

S'il existe une ville pratique, industrieuse, éclairée, aimant les sciences, puissante dans la connaissance approfondie du droit comme dans les recherches archéologiques et historiques, mais en même temps prudente, sérieuse, réfléchie, c'est bien la ville principale du Calvados, l'ancienne résidence des ducs de Normandie et de Guillaume-le-Conquérant. Eh bien ! voilà ce qu'elle a fait, aux applaudissements des pauvres et du pays.

Qu'avons-nous vu à Rennes, dans cette Bretagne, féconde en grands dévouements et en grands hommes? Un hôpital, situé dans le centre de la ville, sur le bord de la rivière, dans un endroit bas, humide et malsain, est abandonné. On en construit un autre, sur le boulevard extérieur, dans un endroit très sain, aéré et réunissant toutes les conditions désirables de salubrité. Pour opérer ce déplacement et faire cette construction, les hospices sont obligés d'aliéner des revenus. Que fait la ville? ne pouvant payer immédiatement cette construction, en se substituant aux hospices, comme elle l'aurait voulu, elle la paie peu à peu. Depuis longtemps, elle verse chaque année dans la caisse des hospices une somme de vingt-quatre mille francs, pour rendre peu à peu aux pauvres les rentes qu'ils ont perdues.

En même temps que cette somme annuelle reconstitue peu à peu le capital aliéné, la ville de Rennes donne chaque année aux hospices une subvention dépassant quatre fois le revenu hospitalier, ce qui représenterait pour Narbonne une subvention de cent vingt mille francs.

Sans citer des villes dont nous avons parlé, l'année dernière, telles que Tourcoing, recevant cinq fois moins de malades que Narbonne et ayant une subvention de cinquante mille francs ; Sedan, traitant sept fois moins de malades que Narbonne et ayant une subvention de cinquante-trois mille francs ; Dunkerque traitant deux fois moins de malades que Narbonne et ayant une subvention de cinquante-huit mille francs, avec un supplément de huit mille francs pour des travaux extraordinaires ; — Sans rappeler le cas étonnant de Roubaix, de cette ville si dévouée aux pauvres, où l'administration des hospices modérant l'ardeur des Conseillers municipaux, abandonna à la ville, en 1877, dix mille francs sur la subvention de cent soixante mille francs que le Conseil municipal avait votée, l'administration hospitalière trouvant la somme de cent cinquante mille francs suffisante, non seulement pour balancer les recettes et les dépenses, mais encore pour assurer un excédent sérieux de revenu, permettant de payer les comptes avec exactitude et de constituer un fonds de réserve pour les éventualités imprévues ; — Sans insister sur tous ces faits, qui honorent les villes, instruisent les populations et encouragent les conseils publics, que voyons-nous dans la région dont nous nous occupons ?

Si des hospices très riches, dans cette région, possédant des revenus considérables, qui proviennent des fermages et des rentes ; si des hospices comme ceux d'Amiens, ayant des excédents de recettes dépassant la somme de cent soixante mille francs, peuvent se passer de subvention ; si un hospice comme celui de Péronne, avec des finances plus prospères que celles de la ville où il est situé, se trouve assez riche pour donner sur ses propres revenus au bureau de bienfaisance de la ville une subvention annuelle de huit mille francs, il en est d'autres dont la situation moins brillante réclame des secours, que les villes donnent toujours larges, considérables, *sans jamais les marchander*, ainsi qu'on nous l'écrit de ces régions.

Aussi, voyons-nous à Dieppe, pour trente-cinq mille journées de malades et cinquante-huit mille journées de vieillards, c'est-à-dire pour une population assistée plus faible que dans les hospices de Narbonne, une subvention annuelle de quarante mille francs, toujours donnée avec joie, sans hésitation et sans regret, comme il convient de donner au pauvre, personnification sublime de l'humanité souffrante et du malheur.

A Elbeuf, pour vingt-quatre mille journées de malades, représentant une population hospitalière moitié moindre qu'à Narbonne, la subvention annuelle, ainsi que nous l'écrit, à la date du 30 mai 1891, M. le Président de la Chambre de commerce d'Elbeuf, ordonnateur des hospices, la subvention annuelle est de

cinquante mille francs pour l'hôpital et de dix-huit
mille francs pour l'asile des vieillards.

En dehors de cette subvention annuelle, la ville
d'Elbeuf intervient pour chaque construction importante, avec tant de générosité et de bienveillance, que
les subsides extraordinaires accordés à l'hospice dans
ce but, durant une période de dix-sept années, forment
un total de soixante-cinq mille francs. Si l'on ajoute à
cette somme un secours municipal de quinze mille
francs donné pendant la guerre de 1870-1871, on a
le chiffre de quatre-vingt mille francs, représentant les
secours donnés par la ville d'Elbeuf, en dehors de la
subvention annuelle.

Ces secours extraordinaires ont été donnés, bien que
l'excédent moyen des recettes de l'hospice d'Elbeuf,
pendant les trente-une dernières années, ait été de
quarante-sept mille neuf cents francs; et la subvention
ordinaire a été maintenue, bien que le résultat du
compte administratif de l'exercice 1878 ait présenté
un excédent de recettes de soixante-dix-huit mille francs
(78,047 fr. 68 c.).

Une grande partie de cet excédent ayant été consacrée,
en 1879, à un achat de terres pour une valeur de
soixante mille francs, l'excédent constaté, en 1880,
moins considérable que celui de l'année précédente, a

été cependant remarquable, puisqu'il a atteint le chiffre de vingt-quatre mille huit cents francs (24,871 fr. 15 c.)

Sans l'achat des terres, l'excédent de recettes, accru par l'intérêt du capital, aurait dépassé la somme de quatre-vingt-six mille francs.

Ainsi, non seulement la ville d'Elbeuf, très intelligente assurément, intervient dans toutes les réparations importantes, mais encore, en maintenant avec soin, avec une sollicitude qui l'honore, une subvention considérable, pour une population hospitalière moitié moindre que la nôtre, elle permet à l'hospice de payer facilement toutes ses dépenses et même d'accroître ses possessions territoriales.

Frappant contraste avec l'histoire de nos hospices, où l'on voit nos honorables prédécesseurs, si dévoués aux pauvres, si dignes de vénération et de respect, obligés de vendre des domaines pour construire la plus grande partie de l'hôpital, sans que la ville accorde la moindre somme, et où l'on constate que les accroissements de la subvention annuelle sont obtenus avec beaucoup de peine et d'efforts!

Les villes dont nous nous occupons sont plus justes. Elles ne se contentent pas pour leurs hospices d'une balance exacte des recettes et des dépenses. Un faible excédent de recettes ne leur suffit même pas. Elles veulent pour soutenir leurs pauvres, malades, infirmes, vieillards ou orphelins, un excédent sérieux de revenu, assurant le présent et garantissant l'avenir. Honneur à elles ! En agissant ainsi, les villes acquièrent l'estime du pays, la vénération des pauvres et la reconnaissance des peuples.

A Rouen, pour cent trente-deux mille journées de malades dans l'Hôtel-Dieu et quatre cent quatre-vingt-deux mille journées d'indigents dans l'hospice général, c'est-à-dire pour un nombre de journées cinq ou six fois plus fort qu'à Narbonne, la subvention municipale, quatorze fois plus forte que celle de nos hospices, s'élève à quatre cent soixante-douze mille francs; et cette subvention est donnée, bien que l'excédent de recettes, dans le compte administratif, dépasse la somme de soixante mille francs.

Il ne faut donc pas que lorsqu'il s'agit de légères augmentations à Narbonne, on s'étonne, on calcule, on objecte, on discute, on se fâche même. Cette attitude ne serait ni bonne, ni juste, ni approuvée par nos contrées. Les départements du Nord le disent hautement, et le Midi, généreux et grand, le dira à son tour : Pour les pauvres, on ne marchande pas.

Au Havre, ville essentiellement commerçante, où se

déploient comme à Nantes, à Bordeaux, à Marseille la grandeur commerciale et la puissance de la nation ; au Havre, où l'on calcule merveilleusement bien, mais où le cœur s'émeut profondément en faveur des pauvres, en faveur des misères poignantes de l'humanité, la subvention municipale, qui était de cent vingt mille francs avant 1870, s'élevait déjà, en 1874, à deux cent cinquante-deux mille francs.

Que s'est-il passé entre ces deux époques?

La population de la ville a-t-elle augmenté dans la même proportion que la subvention municipale?

Les chiffres suivants, que nous demandons la permission de citer, malgré leur caractère essentiellement aride, mais utile, démontrent le contraire.

Avant 1870, la population municipale du Havre était de 71,570 habitants, la population flottante de 3,330, en tout 74,900 habitants.

D'après le recensement de 1871, la population municipale était de 81,785 habitants, la population flottante de 5,040, en tout 86,825 habitants.

A l'époque du recensement de 1877, la population municipale fut de 85,407 habitants, la population flottante de 6,661, en tout 92,068 habitants.

Ainsi, de 1870 à 1877, la population totale du Havre, municipale et flottante, a augmenté de 17,168 habitants

ou de vingt-deux pour cent, tandis que la subvention
municipale a plus que doublé, en s'élevant de cent
vingt mille à deux cent cinquante-deux mille francs.

Si la population de la ville du Havre n'a pas augmenté
dans la même proportion que la subvention municipale,
est-ce dans la population des hospices que l'on peut
trouver cette augmentation ?

Nullement.

Le nombre des journées de malades, de vieillards et
d'enfants était de 280,000 en 1870, représentant une
population moyenne de 767 personnes.

A l'époque du dernier recensement, le nombre des
journées s'est élevé à 294,000, représentant une population moyenne de 810 administrés, ce qui correspond
à une augmentation de quarante-trois personnes.

Cet accroissement de la population hospitalière
n'étant pas très considérable, ce n'est pas dans ce seul
fait qu'il faut chercher la cause d'une augmentation
aussi grande de la subvention municipale, mais dans
une appréciation plus exacte et plus large des besoins
hospitaliers, dans l'idée généreuse et grande de pourvoir
à tous les besoins des hospices, dans l'intérêt de l'humanité.

Ce qui atteste ces dispositions généreuses de la ville
du Havre, c'est qu'en 1876, lorsque l'administration

des hospices a voulu commencer la construction de
chalets isolés dans la campagne, pour traiter principalement les affections chirurgicales, dans une atmosphère
plus saine, moins viciée que dans la ville, le Conseil
municipal du Havre a ajouté à la subvention ordinaire
de deux cent cinquante-deux mille francs, pour ce fait
spécial de la construction des chalets, pour cette tenta-
tive dont l'administration des hospices se félicite et
dont elle poursuit l'expérience, une subvention supplémentaire de vingt-six mille francs. Le Maire du Havre
ayant ajouté à la subvention ordinaire et à la subvention extraordinaire de la ville un don personnel de
vingt-cinq mille francs, dans le même but, l'ensemble
des secours municipaux en faveur des hospices s'éleva
à trois cent vingt-neuf mille francs, c'est-à-dire à un
chiffre représentant un secours hospitalier dix fois plus
fort que la subvention municipale à Narbonne.

De tels exemples sont bien de nature à encourager
les villes, à exciter leur émulation et à réjouir partout
les pauvres dans leur malheur, par l'espoir d'une situation meilleure, conséquence naturelle d'une subvention
plus large et d'une appréciation plus juste des besoins
hospitaliers.

Aussi, avons-nous la confiance que ce qui a lieu

dans le Nord, ce qui se pratique dans cette région avec tant de justice, d'humanité et d'éclat, se produira tôt ou tard au milieu de nous, dans le Midi, à Narbonne surtout, où les charges sont plus grandes, les prix de tous les objets de grande consommation plus élevés, et où le revenu réel est en disproportion plus grande avec les besoins.

Ne sommes-nous pas un même peuple, une même nation? N'avons-nous pas les mêmes idées, les mêmes sentiments de dévouement aux pauvres et de sympathie pour les malheureux? Pourquoi n'aurions-nous pas les secours proportionnés à nos besoins, comme dans le Nord?

Serons-nous toujours condamné à clore le compte administratif par une balance stricte, éphémère, ou par des déficits grandissants; jamais par des excédents sérieux, qui seraient la consolation du présent et l'espérance de l'avenir? Une situation si difficile ne peut durer et ne durera pas, dans un pays éclairé, généreux, illustre comme celui-ci.

Atteindre le but désiré ne sera pas certainement l'œuvre d'un jour, mais une œuvre progressivement, infailliblement accomplie, parce qu'elle est juste, utile, fondée sur la raison et sympathique au pays.

Ce sera l'œuvre de la ville, honorant sa mémoire et illustrant son nom par des bienfaits.

Ce sera l'œuvre de Narbonne moderne, ajoutant aux qualités brillantes dont l'histoire atteste l'éclat et la grandeur, une qualité plus sérieuse au point de vue de l'humanité, plus utile au monde et plus grande ; un mérite que l'antiquité conservant l'esclavage n'a point connu ; que les légions romaines foulant le sol de Narbonne antique n'ont point connu, le mérite par excellence, le dévouement aux pauvres, la charité ; précieux attribut des nobles cœurs, des villes généreuses et des grands peuples ; sentiment profond et sublime, qui anime les âmes, élève la pensée, émeut les cœurs et les excite à secourir les malheureux comme des frères, à ouvrir des asiles pour les malades, pour les vieillards, pour les orphelins, et à les soutenir efficacement dans l'intérêt de l'humanité.

En présence de cette perspective de grandeur morale, de justice et de gloire, dont l'éclat rejaillira sur le pays et illustrera ses annales, il n'est pas un conseil public ; il n'est pas un homme aimant le bien et sympathisant avec le malheur ; il n'est pas un habitant de Narbonne, qui hésite à concourir de toute son énergie et de toute son âme à la gloire de la ville, à l'amélioration sérieuse et durable de la situation de l'homme pauvre, de l'homme malade, de l'infirme et de l'orphelin, dans l'intérêt général.

Représentants du pays, organes autorisés de ses aspirations généreuses, défenseurs de ses droits et protecteurs de ses œuvres, à tous les degrés de l'échelle politique, administrative, sociale, secondez, encouragez, soutenez la ville dans la voie féconde de la bienfaisance publique et de la charité, qui est celle de la justice, de la vérité et de l'honneur.

ANNEXES

—

TABLEAU COMPARATIF

de la mortalité dans l'Hôtel-Dieu de Narbonne et dans vingt-trois hôpitaux du nord de la France.

NOMS DES VILLES.	DÉSIGNATION DES HOPITAUX.	MORTALITÉ sur cent malades.	
		Hommes.	Femmes.
		p. 100.	p. 100.
Narbonne....	Hôtel-Dieu	5,6	5,8
Amiens......	Hôtel-Dieu	9,9	13,5
Abbeville....	Hôtel-Dieu St-Nicolas...	12,5	18,4
Péronne.....	Hôpital	10,5	15,8
Roye........	Hôpital civil...........	17,1	17,7
Corbie	Hôpital St-Jean-Baptiste.	12,3	11,7
Beauvais	Hôtel-Dieu St-Jean......	9,0	15,1
Compiègne ..	Hôtel-Dieu	7,7	12,8
Noyon	Hôpital	8,1	10,5
Senlis.......	Hôpital St-Lazare.......	10,8	11,2
Rouen	Hôtel-Dieu	10,0	14.6
Rouen	Hôpital général........	17,6	27,5
Darnetal	Hôpital Durécu........	23,4	23,4
Elbeuf	Hôpital St-Léonard	12,3	26,2
Dieppe......	Hôpital	14,7	15,3
Le Havre....	Hôpital St-Jean-Baptiste.	10,4	16,1
Fécamp	Hôpital	13,0	14,5
Bolbec	Hôpital Fauquet........	15,3	15,3
Évreux......	Hôpital St-Louis........	7,0	21,1
Vernon......	Hôpital	7,5	12,5
Gisors.......	Hôpital St-Louis........	18,5	20,3
Bernay......	Hôpital St-Louis........	11,2	10,9
Les Andelys.	Hôpital St-Jacques......	9,6	12,0
Louviers	Hôpital St-Jean.........	10,0	26,9

TABLEAU COMPARATIF

de la mortalité dans l'hospice de la Charité de Narbonne et dans vingt-trois hospices du nord de la France.

NOMS DES VILLES.	DÉSIGNATION DES HOSPICES.	MORTALITÉ sur cent indigents.	
		Hommes.	Femmes.
		p. 100.	p. 100.
Narbonne ...	Hospice de la Charité...	3,9	2,8
Amiens	Hospice St-Charles......	17,4	17,3
Amiens	Hospice des incurables..	16,4	14,4
Abbeville....	Hospice général........	8,3	15,8
Doullens	Hospice...............	13,7	14,3
Beauvais	Hospice général........	16,7	14,2
Clermont.....	Hospice Ste-Madeleine..	18,3	16,6
Compiègne ..	Hospice...............	12,5	13,6
Noyon	Hospice...............	10,0	14,8
Senlis.......	Hospice...............	15,9	15,0
Rouen	Hospice général........	13,9	14,8
Elbeuf	Hospice...............	23,3	22,2
Dieppe......	Hospice...............	21,6	11,2
Le Havre....	Hospice...............	16,8	15,4
Fécamp	Hospice St-Benoît......	17,4	22,6
Yvetot	Hospice Asselin........	24,1	27,3
Grainville ...	Hospice...............	18,8	14,3
Évreux......	Hospice...............	14,9	14,2
Verneuil	Hospice civil..........	15,3	22,2
Vernon......	Hospice...............	25,0	11,1
Les Andelys.	Hospice...............	12,0	11,0
Bernay......	Hospice St-Louis.......	30,4	27,5
Pont-Audemer.	Hospice St-Jean-Baptiste.	34,6	26,6
Louviers	Hospice...............	14,3	19,2

www.ingramcontent.com/pod-product-compliance
Lightning Source LLC
Chambersburg PA
CBHW071231290326
41931CB00037B/2673